TAO-TE CHING

Lao-Tsé

TAO-TE CHING

O Livro do Caminho e da Virtude

Prefácio e Comentários de

Lúcia Helena Galvão

Editora
Pensamento
SÃO PAULO

Tradução: adaptação a partir das traduções de Stanslas Julien e de James Legge por José Ramos e Graciete Silva Nogueira.

Transcrição dos comentários: Carlos Daniel Ramos.
Introdução: Carlos Daniel Ramos.

1ª edição 2023./ 2ª reimpressão 2025.

Editor: Adilson Silva Ramachandra
Gerente editorial: Roseli de S. Ferraz
Preparação de originais: Claudete Agua de Melo
Gerente de produção editorial: Indiara Faria Kayo
Editoração eletrônica e capa: Cauê Veroneze Rosa
Revisão: Erika Alonso

Dados Internacionais de Catalogação na Publicação (CIP)
(Câmara Brasileira do Livro, SP, Brasil)

Lao-Tsé, 604-517 a.C.
Tao-Te ching : o livro do caminho e da virtude / Lao-Tsé ; prefácio e comentário de Lúcia Helena Galvão. -- São Paulo : Editora Pensamento, 2023.

ISBN 978-85-315-2304-5

1. Filosofia oriental 2. Sabedoria - Aspectos religiosos 3. Taoísmo I. Galvão, Lúcia Helena. II. Título.

23-157589 CDD-299.514

Índices para catálogo sistemático:

1. Taoísmo : Religião 299.514
Eliane de Freitas Leite - Bibliotecária - CRB 8/8415

Direitos de tradução para o Brasil adquiridos com exclusividade pela EDITORA PENSAMENTO-CULTRIX LTDA., que se reserva a propriedade literária desta tradução.
Rua Dr. Mário Vicente, 368 – 04270-000 – São Paulo – SP – Fone: (11) 2066-9000
http://www.editorapensamento.com.br
E-mail: atendimento@editorapensamento.com.br
Foi feito o depósito legal.

道

SUMÁRIO

Prefácio

Se há algo que se pode dizer sobre o Tao-Te Ching, eu diria que a tentativa de enclausurar suas sentenças junto a uma única explicação é pretensiosa e muito provavelmente insensata. Ele é livre e enigmático, sugestivo e provocador, e é assim que deve ser. Ocorre que vivemos num tempo em que não se tolera muito bem as frustrações e, diante de uma primeira tentativa malsucedida de entender o livro, o leitor ansioso e sempre apressado desiste. Quando me dediquei a explicá-lo, minha intenção era (e é) abrir caminho para um pouco de ousadia e imaginação, quase que desafiando o leitor a cometer sua própria ousadia e seguir-me, abrindo suas legítimas trilhas, evidentemente.

Esta edição nasceu de um conjunto de palestras que realizei, como leitura comentada da obra, para o público do Canal da Nova Acrópole no Youtube, e que pensei ser interessante e útil compilar em um livro. Considero-a de grande importância para que se penetre no Tao-Te Ching quebrando aquela imagem de "ininteligível" que o livro apresenta e podendo interpretá-lo e vivenciá-lo. Afinal, sem dúvida, trata-se de um daqueles livros que não podemos deixar de ler ao longo da vida e, de preferência, o mais breve possível. Com certeza, os comentários que esta edição oferece facilitarão o seu percurso pela obra.

O fato é que amar o Tao-Te Ching equivale a amar os mistérios. Suas sentenças, o mais das vezes exíguas, são enxutas como a voz daquele que muito conhece e, por isso mesmo, sabe reduzir esse muito ao essencial. É como o brinquedo educativo que damos a uma criança, que a provoca a não só encaixar peças prontas, mas a produzir as peças que faltam, resultando num quebra-cabeças absolutamente original, exclusivamente dela.

Ao ler os aforismos deste livro, quem não se sente tentado a imaginar suas palavras saídas dos lábios de um ancião silencioso, de fala lenta e meticulosa, retirado nas montanhas do oeste, vivendo e ensinando a praticar a mais absoluta pureza, calma, simplicidade e busca da unidade, entendendo e aprendendo a falar a linguagem da natureza para fluir junto com ela?

No entanto, o fato é que não somos contemporâneos do mestre, não vivemos no seu tumultuado momento histórico (embora o tumulto não tenha deixado de estar conosco). Podemos invejar tanto o mestre Confúcio, em seu real ou imaginário encontro com ele, ou o esperto guarda de fronteira que solicita que ele não se vá sem deixar um testemunho de sua sabedoria, o que teria resultado na escrita dos 81 aforismos do Tao-Te Ching, episódio este que Bertold Brecht nos narra com muito encanto. Porém, temos a obra que, das mãos daquele obscuro oficial, correu o mundo inteiro, deixando seu rastro na vida de muitos.

Quem se torna um amante do Tao-Te Ching, de uma maneira um tanto paradoxal ama tanto o que ele diz quanto o que ele não diz, em seus silêncios pesados e repletos de significados. Corremos ao redor desses ensinamentos como uma criança em um pátio de colunas, imaginando quem já esteve ali, entre elas, e como viveu. Algumas respostas que a imaginação oferece correm o sério risco de serem verdadeiras, o que nos fornece uma visão de incomparável beleza, leveza e paz. E é para essas "correrias" que eu convido a todos.

Ofereço, a seguir, o citado poema de Bertold Brecht a fim de que possamos presenciar esse momento especial, esse encontro que, provavelmente, terá dado nascimento ao Tao-Te Ching, e desejo a todos uma leitura produtiva.

– Lúcia Helena Galvão, verão de 2023

Lenda sobre o surgimento do livro *Tao-Te Ching* durante o caminho de Lao-Tsé à emigração

Bertold Brecht

1

Quando estava com setenta anos, e alquebrado,
O mestre ansiava mesmo era por repouso
Pois a bondade mais uma vez se enfraquecera no país
E a maldade mais uma vez ganhara força.
E ele amarrou os sapatos.

2

E juntou ele o de que precisava:
Pouco. Mas mesmo assim, isso e aquilo.
Como o cachimbo, que ele sempre fumava à noite
E o livrinho que sempre lia.
Pão branco sem muito calcular.

3

Alegrou-se do vale ainda uma vez e o esqueceu
Quando pela montanha o caminho enveredou.
E o seu boi alegrou-se da grama viçosa
Mastigando, enquanto carregava o velho.
Pois para ele ia-se depressa o suficiente.

4

Mas no quarto dia, numa penedia
Um aduaneiro barrou-lhe o caminho:
"Bens a declarar?". "Nenhum."
E o menino, que conduzia o boi, falou: "Ele ensinou".
E assim também isso ficou explicado.

5

Mas o homem, tomado por alegre impulso
Ainda perguntou: "E o que ele tirou disso?".
Falou o menino: "Que a água mole em movimento
Vence com o tempo a pedra poderosa.
Tu entendes, o que é duro não perdura".

6

Para que não perdesse a última luz do dia
O menino foi tocando o boi.
E os três já desapareciam atrás de um pinheiro escuro
Quando de repente deu um estalo no nosso homem
E ele gritou: "Ei, tu! Alto lá!

7

O que está por trás dessa água, velho?".
Deteve-se o velho: "Isso te interessa?".
Falou o homem: "Eu sou apenas guarda de aduana

Mas quem vence a quem, isto também a mim interessa
Se tu o sabes, então fala!

8

Anota-o para mim! Dita-o a este menino!
Coisa dessas não se leva embora consigo.
Papel há em casa, e também tinta
E um jantar igualmente haverá: ali moro eu.
E então, é a tua palavra?".

9

Por sobre o ombro, o velho mirou
O homem: jaqueta remendada. Descalço.
E a testa, uma ruga só.
Ah, não era um vencedor que dele se acercava.
E ele murmurou: "Também tu?".

10

Para recusar um pedido gentil
O velho, como parecia, já estava demasiado velho.
Então disse em voz alta: "Os que algo perguntam
Merecem resposta". Falou o menino: "Também vai ficando frio".
"Está bem, uma pequena estada."

11

E o sábio apeou do seu boi
Por sete dias escreveram a dois.
E o aduaneiro trazia comida (e nesse tempo todo apenas
Praguejava baixo com os contrabandistas).
E então chegou-se ao fim.

12

E o menino entregou ao aduaneiro
Numa manhã oitenta e uma sentenças
E agradecendo um pequeno presente
Entraram pelos rochedos atrás daquele pinheiro.
Dizei agora: é possível ser mais gentil?

13

Mas não celebremos apenas o sábio
Cujo nome resplandece no livro!
Pois primeiro é preciso arrancar do sábio a sua sabedoria.
Por isso agradecimento também se deve ao aduaneiro:
Ele a extraiu daquele.

Introdução

O livro que se encontra agora nas mãos do leitor é o resultado da vontade e do trabalho dedicado de voluntários da Nova Acrópole de Portugal, com o objetivo de fornecer uma excelente interpretação dos enigmáticos versos da obra *Tao-Te Ching.*

Este livro baseia-se numa série de comentários à referida obra feitos pela professora de Filosofia da Nova Acrópole do Brasil, Lúcia Helena Galvão, nas suas palestras apresentadas no canal do YouTube. Para tanto, foi feita a transcrição das palavras da professora, que foram posteriormente adaptadas para a edição desta obra.

Assim sendo, o formato em livro tem uma forma e um espírito próprios, e destina-se a ser um companheiro de reflexão de ideias que vale a pena serem pensadas.

Podemos entender que uma coisa são os ensinamentos que Lao-Tsé nos transmitiu, por meio de palavras e símbolos, e outra são as ideias que lhe deram expressão, assim como a vivência delas no plano da ação. O próprio Lao-Tsé disse: "Os meus preceitos são muito fáceis de compreender e muito fáceis de praticar. Porém, ninguém no mundo os consegue compreender ou praticar".

Apesar das muitas edições do *Tao-Te Ching* e de comentários sobre ele, é nossa convicção que este livro trará uma perspectiva filosófica dos seus ensinamentos mais ampla e prática mediante a procura das ideias originais e da aplicação delas na vida. Os versos do *Tao-Te Ching* estão escritos de maneira enigmática, seguindo uma linha de pensamento aparentemente paradoxal, a que se junta a forma tão particular da escrita oriental antiga, muito especialmente a chinesa, cujas características são completamente diferentes do modo de escrever ocidental, o que requer, por parte do leitor, alguma familiarização com os princípios do seu pensamento.

A escrita ideográfica chinesa torna difícil a sua tradução, já que cada ideograma representa várias ideias correlacionadas, em torno de uma ideia maior que as abrange, fazendo com que as traduções para as línguas ocidentais tornem-se, muitas vezes, extremamente pobres e incoerentes, devido à escolha de uma tradução de símbolos muito ricos em significados com palavras de sentido preciso e muitas vezes limitado. Assim, a correta interpretação desses versos não pode ser literal (como acontece com quase todos os textos religiosos e filosóficos), devendo os mesmos serem interpretados como algo alegórico, simbólico, seguindo a perspetiva da filosofia, o que devolve às palavras a linha de ideias que elas procuram expressar, deixando espaço ao estudante para tirar as suas próprias conclusões, com base nas suas vivências e ângulo de entendimento.

Ao longo deste livro, foram feitas algumas relações com outras linhas de pensamento filosóficas e religiosas nos comenários, o que não deve assustar o leitor, pois isso o ajudará a compreender melhor os aforismos. Como explicava Joseph Campbell, grande pesquisador na área dos mitos: "O melhor é ler sobre os mitos de outros povos, não sobre os da nossa própria religião, porque tendemos a interpretar os nossos como se fossem fatos. Se lermos outros, começamos a perceber a mensagem".[1] É o que podemos descobrir quando nos aventuramos na compreensão da filosofia chinesa, o que nos leva a entender melhor também a filosofia e a religião que nos serviram de base educativa.

Após cada um dos aforismos, os comentários o ajudarão a entender melhor cada uma de suas linhas, porque as diversas frases dos aforismos foram numeradas, e para se ter um melhor aproveitamento do texto, os textos de Lúcia Helena Galvão foram numerados também, linha a linha, e com a devida correspondência numérica de cada uma das frases.

No decorrer deste livro, é inevitável não sentir-se contagiado pela sabedoria e eloquência da professora Lúcia Helena Galvão, por conta de seus exemplos tão práticos na explicação de ideias tão abstratas, como a ideia do Tao e a da não ação.

Por fim, o leitor descobrirá que algo mudou, que no seu interior algo se transmutou. Ele não deixará de ter problemas na sua vida, mas sentir-se-á mais capaz de lidar com eles, e de responder às grandes questões da vida humana: Quem sou eu? De onde eu venho? Para onde vou?

– Carlos Daniel Ramos

---

[1] Em *O Poder dos Mitos*, de Bill Moyers (entrevista a Joseph Campbell).

TAO-TE CHING

O Livro do Caminho e da Virtude

Tratado do Tao

(Aforismos I a XXXVII)

I

Quando proferimos a palavra Tao, não nos referimos ao Tao eterno. [1] [2]

O Tao que podemos pronunciar não é o Tao da Eternidade.

Ao princípio que constitui o Céu e a Terra, chamo de "não ser".

À Mãe dos seres individuais chamo de "ser".

Buscar o "não ser" leva à contemplação da Essência radiante; [3] [4]

Buscar o Ser conduz à contemplação das limitações espaciais.

Pela origem, no entanto, ambos são um só e apenas diferem no nome.

Na sua Unidade, esse Um é um mistério. O mistério dos mistérios é o portal de entrada para as maravilhas. [5]

[1] É o criador do universo, para o qual não há um nome, porque ter um nome é ter uma limitação, e qualquer coisa dita sobre Deus fala sobre aspectos que ficam fora dele. É como se estivéssemos criando um não Deus, desse modo gerando uma dualidade, porque Deus é uno e todo tipo de dualidade gera exclusão e violência.

Na tradição chinesa, quando nos referimos a Deus dirigimo-nos ao Tao, a um ser que não possui matéria nem espírito. É o vazio eterno.

[2] Para a tradição chinesa, o Tao é o zero (número 0), o criador do universo, o qual, quando resolveu manifestar-se, deu origem ao um (número 1). Esse ser manifestado é possuidor de matéria e espírito. Ou seja, o Demiurgo é o ser criador de todo o universo manifestado. A divisão ao meio desse ser é a separação do espírito e da matéria, e a essa divisão dá-se o nome de dualidade primordial.

É dito que quando o Tao ou o zero se manifesta é "como se estivesse respirando". Ao expirar, manifesta o universo, e ao inspirar absorve tudo, de novo, para dentro de si.

Há tradições, como a hindu e a egípcia, que também falam desse ser, ao qual Lao-Tsé gosta de chamar "vazio".

[3] Lao-Tsé quer dizer que, se não contemplamos essa realidade, tornamo-nos materialistas, pois se acreditamos que a substância é real, vamos querer possuí-la. Se queremos possuí-la, vamos ficar cheios de desejo e, consequentemente, iremos nos tornar egoístas.

Porém, não se trata de possuir apenas a substância material, mas também a espiritual, porque, quando acreditamos que somos especiais do ponto de vista espiritual, criamos uma vaidade pior do que aquela de possuir coisas materiais.

[4] Para Lao-Tsé, a separatividade é uma grande ilusão, que faz as pessoas acharem que existe um "eu" e existe um "outro" e, portanto, um pode querer possuir mais do que o outro. Enquanto acreditarmos que somos um em detrimento do outro, sempre haverá um indivíduo que desejará possuir mais do que o outro.

Só quando percebemos que isso se trata de uma ilusão, poderemos nos tornar verdadeiramente fraternos, porque pensamos: para que eu iria roubar a mim mesmo?

[5] O Tao é o portal ilimitado por onde entra tudo o que a consciência imagina, e qualquer coisa que nos proponhamos a imaginar sobre ele será limitada, porque é algo que a nossa mente não consegue conceber. Como desde criança estabelecemos limites e começamos imediatamente a gerar separação, já somos predispostos a imaginar algo dessa maneira.

Então, qualquer entendimento que tenhamos ou que possamos imaginar sobre esse portal da unidade, quer pertença ao plano material, quer ao plano espiritual, representará apenas uma de suas maravilhas.

II

Se, na Terra, todos reconhecerem a beleza como bela, por esse mesmo raciocínio também se pode pressupor a fealdade.

Se, na Terra, todos reconhecerem o bem como bem, com o mesmo entendimento se pode pressupor o mal.

Porque Ser e Não Ser geram-se um ao outro, o fácil e o difícil são complementares;

O longo e o curto definem-se mutuamente;

O alto e o baixo coabitam um com o outro;

A voz e o som unem-se um ao outro;

O antes e o depois estão na sequência um do outro. [6] [7]

O sábio também é assim:

Ele permanece na ação, mesmo sem agir.

Ensina, mesmo que nada diga.

Nunca se nega a nenhum dos seres que o procuram.

Ainda que nada tenha, sempre cria.

Na ação, nada guarda para si.

Não se apega à obra realizada. [8]

Precisamente porque não se apega, não é abandonado. [9]

[6] "O reconhecimento do bem é o Início do mal" (Gênesis bíblica).

Esse trecho bíblico revela que, quando o ser humano divide algo, também o exclui e o rotula como o mal, sem se dar conta disso.

No entanto, para o Tao, o bem é aquilo que nos orienta em sua direção, que nos leva para ele, sem nos deter no caminho.

Portanto, essa tradição não considera que há o bem e o mal, mas apenas o necessário para nos fazer crescer num universo que, em tudo, nos dá uma oportunidade de nos elevarmos, que cada um aproveita ou não, segundo o seu livre-arbítrio.

Partindo desse raciocínio, existirá então, na vida, alguma coisa que não nos permita crescer, por meio dela? Não! E, por isso, conclui-se que não existe dualidade, apenas ilusão.

Para o Tao, tanto o bem quanto o mal orientam na sua direção, por isso, não existe dualidade e mal.

[7] Um exemplo para ilustrar: vamos imaginar um livro com letras vermelhas e fundo amarelo. Já se perguntou por que é possível distinguir o que é vermelho? Porque ele acaba e começa o amarelo! Não conseguiríamos fazer isso se houvesse apenas uma cor, fato que revela que a consciência também se dá no contraste: quando acaba uma coisa começa a outra.

Qualquer pensamento nos levará a conceber o seu contraste. Por isso, optamos por um polo e negamos o outro. Excluímos coisas para podermos entender outras. Concebemos limites ao mesmo tempo que concebemos o seu oposto, para um negar o outro. Esse é o princípio da polaridade.

[8] O que é a não ação? Será que um sábio praticante da não ação é alguém que não faz nada o dia inteiro? Não! Ele apenas não age dentro da perspectiva pessoal, por isso nos parece que ele não faz nada. Ao não agir com o intuito de ganhar alguma coisa, ele demonstra-se consciente de que já tem tudo, pois só busca a sabedoria quem já a possui, nem que seja apenas uma pequena parte dela.

Num exemplo contemporâneo, podemos dizer que só gosta de chocolate quem já o provou alguma vez, pois se não o tivesse provado, nunca teria gostado. O mesmo acontece com todas as coisas.

Ao fazermos as coisas sem querer ganhar nada com isso, ficamos com a sensação do dever cumprido.

[9] Como não tem egoísmo, o sábio também não perde nada. "Nada do que é realmente seu pode ser tirado de você."

III

Se os homens capazes não detiverem a preferência, o povo inibe-se de contestar.

O povo não furta objetos preciosos que não são valorizados.

Quando coisas que suscitam a cobiça não são exibidas, o coração do povo não é perturbado. [10]

Por isso, o sábio governa desta maneira: esvazia os corações e enche os estômagos.

Quando se enfraquecem as vontades e se revigoram os ossos, o povo fica sem conhecimento e sem desejos e os doutos não ousam agir.[11] [12]

O sábio pratica a não ação e isso resulta na ordem, em tudo. [13]

[10] Há a lei do livre-arbítrio; portanto, não podemos obrigar ninguém a evoluir, incluindo nós mesmos, mas podemos criar as condições ideais para que isso aconteça, ao não fomentar os desejos dos homens, fazendo com que apenas as suas necessidades básicas sejam atendidas. Desse modo, cada um, por si mesmo, irá procurar o que lhe falta.

Criar mais necessidades para o ser humano, para além das básicas, faz com que ele fique confuso.

[11] Para os taoistas, o coração representa a sede dos desejos, o coração emocional.

Num trecho de *A República,* Glauco diz que Platão cria um estado de porcos, em que estes têm as necessidades básicas atendidas. Quando damos luxos às pessoas, nascem nelas os vícios.

[12] Sem deter conhecimentos além dos necessários e básicos, o homem permanece no conhecimento mais amplo, genérico, não se aprofunda e não inventa nomes de necessidades que não tem.

Quando o texto diz "Faz com que os doutos não ousem agir", ele revela que os que têm algum dom pessoal não o usam para projetar o seu eu pessoal, porque isso geraria inveja.

Para Lao-Tsé, quando alguém nos inveja, somos culpados. É a maneira como levamos a nossa vida que produz inveja. Ninguém irá lembrar-se daqueles que, por serem muito bons, sempre beneficiam a todos, pois os seus méritos não ofendem e as suas qualidades não ferem.

Só é alvo aquele que produziu vaidade, porque a vaidade fere os outros e provoca neles os desejos.

[13] Trecho do livro de Machado de Assis, *Memórias Póstumas de Brás Cubas*:

"Aí vinham a cobiça que devora, a cólera que inflama, a inveja que bajula, e a enxada e a pena húmidas de suor, e a ambição, a fome, a vaidade, a melancolia, a riqueza, o amor, e todos eles agitavam o homem, como um chocalho, até destruí-lo, como um farrapo. Eram as formas várias de um mal, que ora mordia a víscera, ora mordia o pensamento, e passeava eternamente as suas vestes de Arlequim, em derredor da espécie humana. A dor cedia alguma vez, mas cedia à indiferença, que era um sono sem sonhos, ou ao prazer, que era uma dor bastarda. Então o homem, flagelado e rebelde, corria diante da fatalidade das coisas, atrás de uma figura nebulosa e esquiva, feita de retalhos, um retalho de impalpável, outro de improvável, outro de invisível, cosidos todos a ponto precário, com a agulha da imaginação; e essa figura, – nada menos que a quimera da felicidade, – ou lhe fugia perpetuamente, ou deixava-se apanhar pela fralda, e o homem a cingia ao peito, e então ela ria, como um escárnio, e sumia-se, como uma ilusão". *(sic.)*

IV

O Tao flui incessantemente.

No entanto, nesse movimento

ele jamais transborda. [14]

Ele é como um abismo,

Semelhante ao antepassado de todas as coisas. [15]

Amolece, pois, a tua dureza.

Desamarra os teus nós.

Modera o teu brilho.

Liga-te com a tua poeira. [16]

É profundo, mas tão real!

É difícil identificar a sua filiação.

Parece preceder Deus. [17]

[14] O Tao é aquele vazio, aquele ser divino que habita dentro de todos os seres. Ele manifesta-se, sem egoísmo, em cada ser humano, o que significa que vai estar na justa medida. Não excede nem falta. Sua ação é tão justa e tão perfeita que abrange todas as outras, gerando harmonia em cada pessoa, entrando em fluxo. Um exemplo disso é a natureza, que nunca se excede nem falta.

[15] Para o Taoismo, o abismo é como o vazio. Não é possível encontrar-lhe o fundo, mesmo que se tente.

[16] Tudo tem fluxo e segue o seu curso: a vida, a natureza, os rios correndo, os planetas expandindo-se. Quando não deixamos a vida decorrer naturalmente, endurecemos esse fluxo e o interrompemos, entramos em choque com esse curso.

É a esse fluxo físico, como poeira, que Lao-Tsé se refere quando diz que devemos abrandar.

[17] Na tradição taoista, o Tao é anterior a Deus porque é o vazio. Ainda não sabemos o que deu origem ao vazio. Esse vazio está dentro da manifestação, mas não é manifesto.

V

O Céu e Terra não são benevolentes e o sábio não é indulgente.

Para ambos, os homens são como cães de palha que são destinados ao sacrifício. [18][19]

O espaço entre o Céu e a Terra assemelha-se a uma flauta:

Vazia, mas ainda assim inesgotável.

Quanto mais se sopra, mais sons ela produz. [20]

Porém, quanto mais palavras forem ditas, mais estas se esvaziam ao serem pronunciadas.

É importante proteger o que o coração contém. [21]

[18] Os citados "cães de palha" são como a nossa personalidade que nos serve para a cerimônia da vida, mas será desprezada e sacrificada no final.

Os seres humanos esperam compaixão e amor pessoal da parte dos seres divinos, mas eles não são assim. O que ocorre "aqui em baixo", ocorre "lá em cima", também.

Um exemplo: quando alcançamos uma compaixão pessoal para educar um filho, passamos a vida a mimar os seus defeitos, mas não as suas virtudes. Por vezes, confundimos amor com carência. Então, damos-lhes o que querem para receber o que queremos, o que não coincide necessariamente com aquilo de que necessitamos. Por isso, esperamos o mesmo comportamento de Deus para conosco.

[19] O sábio é como os deuses. É duro porque quer fazer-nos crescer, então não podemos esperar que seja solene e patrocinador dos nossos caprichos. Ele sabe que o caminho verdadeiro se esconde por trás da exigência, e fará de tudo para nos encaminhar para lá.

[20] No Oriente, essa expressão da flauta é comum. Para melhor compreensão, imagine como se o céu estivesse de um lado da flauta, e a terra do outro lado, e cada um de nós estivesse ali dentro, comprimido, para no final produzirmos ar limpo e darmos o nosso recado ao mundo. Se não fôssemos pressionados, o que faríamos? Dormiríamos sem preocupações! Então o Céu e a Terra nos comprimem, ali dentro, para produzirmos o que nos é destinado, pois a dor é veículo de consciência.

[21] O que Lao-Tsé quer dizer é que devemos usar a justa medida: respeitar as palavras que vêm do coração sem usá-las em demasia, pois nesse caso elas perdem a credibilidade e criam confusão.

Rama, no livro *Ramayana*, diz o seguinte: "A arte de governar está estritamente relacionada com o não dizer palavras a mais ou a menos do que é necessário; nem a mais nem a menos do que cada um pode e deve ouvir. É ser-se adequado, não desperdiçando as palavras para não tirar o valor delas".

VI

O espírito do vale nunca morre; [22]

Ele é a mulher misteriosa [23] em cujo portal se encontra a raiz do Céu e da Terra. [24]

Contínua e perpétua, ela age espontaneamente. [25]

[22] Para o Taoismo, o vale é diferente do abismo. O vale é um lugar que tem duas montanhas, uma de cada lado, numa combinação harmoniosa entre as dualidades. Tem a quantidade certa de vazio e a quantidade certa de montanha.

[23] É o Demiurgo, o Deus ou Princípio Organizador do universo, autor e gerador de tudo o que existe, e ao qual muitas vezes o Taoismo se refere como uma Demiurga, a Criadora do Céu e da Terra, Matéria e Espírito, a dualidade primordial, a Grande Mãe que cria todos para os harmonizar, para que caminhem um ao lado do outro.

[24] É dela que vem a manifestação, pois é posterior ao Tao, ao vazio. O seu objetivo é separar tudo do zero e, depois, recolher novamente.

[25] Ela age sem dificuldade, porque não força nada a agir. Abre as portas e convida todos os seres a evoluírem. Não se impõe, mas inspira. É dito que ela deveria ser o exemplo do grande educador.

O Vale, que simboliza o vazio e as montanhas são a representação do Céu e da Terra juntos, e constituem a manifestação, ou "Mulaprakriti".

VII

O Céu é eterno, a Terra permanece.

São permanentes e eternos porque não vivem para si mesmos.

E isso faz com que vivam eternamente. [26]

O sábio também é assim:

Ele surge em primeiro plano porque menospreza o seu eu. [27]

Renunciando ao seu eu, a sua essência é mantida. Não é assim? [28]

Ele torna-se perfeito por não querer nada para si. [29]

[26] Sobre Espírito e matéria:

O céu é eterno; e a terra, que é matéria, também é eterna, porque na natureza nada se perde, tudo se transforma.

Um exemplo: uma cadeira pode deixar de ser uma cadeira, mas os átomos que a compõem vão transformar-se em algo diferente.

Segundo essa tradição, tudo o que tem mais densidade tem mais probabilidades de se dissipar.

[27] Nós tendemos a nos apegar às formas físicas e psicológicas que são nossas, e também às das outras pessoas. Porém, aquilo que fomos é diferente daquilo que somos e ainda seremos, pois estamos em constante processo de construção, de fluir entre as formas, até descobrirmos como ultrapassá-las para encontrar a nossa essência.

É esse estado de não ficar apegado às formas que faz com que o sábio tenha uma mentalidade de eternidade, pois ele é apegado ao que não morre: justiça, bondade, fraternidade, integridade.

[28] O sábio não maltrata o seu eu inferior; ele apenas não coloca a sua identidade em evidência. Sabe que esta lhe é emprestada pela natureza e será devolvida quando já não for mais necessária. O sábio não a menospreza, mas a trata com respeito.

[29] Um exemplo: imaginemos que a reencarnação, sobre a qual várias tradições antigas falam, é mesmo verdadeira. Numa conversa com uma pessoa, comentamos sobre uma vida passada, a qual nos permitiu darmos alguns passos em direção à verdade. Depois,

comentamos sobre reencarnações menos boas e, se houver alguma que, da nossa perspectiva, não permitiu qualquer crescimento, esta não entra na história. Por protegê-la demais, a pessoa a descarta.

Quem mais se apega à personalidade é também quem mais a descarta, porque a protege tanto que não a deixa servir para algo real. Então, a personalidade mais bem tratada do universo é a que mais serve, não aquela com que se é mais condescendente. Essa será descartada, por não servir nem à natureza nem ao verdadeiro ser.

VIII

O maior bem pode ser comparado à água.

A virtude da água consiste em beneficiar todos os seres, sem conflito.

A água vive nos lugares que o homem menospreza.

Então, a água é quase como o Tao. [30]

É o lugar da morada que define o bem que ela representa.

Quanto mais profundo é o pensamento, maior é o benefício. [31]

Toda dádiva enraizada no bem manifesta-se no amor. [32]

O lado bom da palavra manifesta-se na verdade. [33]

No ato de governar, o bem manifesta-se na ordem.

No trabalho, o bem manifesta-se na competência.

No movimento, o bem manifesta-se na oportunidade de se agir.

Aquele que não se destaca ficará, por esse motivo, livre de críticas. [34] [35]

[30] A água limita-se a seguir o seu curso natural, mesmo que isso signifique esconder-se num buraco ou seguir até o deserto mais seco. Ela simplesmente vai para onde tem de ir e não se desvia. Vai onde a lei da natureza lhe exige.

Portanto, é um símbolo do Tao pela sua natureza de entrar e preencher o vazio, de tomá-lo de todas as formas, e simboliza como deve haver, na vida, essência divina dentro de tudo.

[31] O bem de todas as coisas reside na sua natureza mais íntima. Para um animal, ele é o ato de procriar, perpetuar a espécie e exercer os instintos. Já para uma pedra é a inércia e a resistência.

Cada coisa tem um bem e realiza-se cumprindo-o. O bem do homem, para se realizar como ser humano, seriam os valores, as virtudes e a sabedoria. Tudo o mais seriam distrações, porque, fora disso, nada seria suficiente para fazer alguém feliz.

[32] O bem de cada coisa é a sua virtude, a sua probidade.

[33] Uma palavra é verdadeiramente digna de ser pronunciada quando expressa algo verdadeiro, pois se torna independente do entendimento do interlocutor.

Um exemplo: a semente leva à vida, mas se o solo vai recebê-la ou não, o problema é dele.

[34] Imaginemos um quebra-cabeças com as peças desmontadas. No meio delas, há uma que é vaidosa e quer destacar-se. Ela quer ficar mais alta do que as outras para que todos a possam ver e também para poder achar-se superior.

É isso o que ocorre numa sociedade materialista como a nossa, em que o ser humano se realiza dessa maneira. Para que a vitória tenha sabor, é preciso que os outros tenham sido derrotados.

Essa necessidade de destaque aviva a separatividade e nunca permite a verdadeira fraternidade e o verdadeiro amor. Quando as pessoas se alimentam da dor dos outros e isso lhes dá prazer, elas impedem que cada coisa desempenhe o seu papel no Universo, onde todos são vitoriosos porque tudo entra em harmonia e no fluxo.

[35] Ler o conto "O segredo do Bonzo", de Machado de Assis.

IX

Não adianta querer reter alguma coisa, porque isso a fará transbordar. [36]

Querer usar alguma coisa, mantendo-a sempre afiada, não durará por muito tempo. [37] [38]

Ninguém pode proteger uma sala abarrotada de ouro e pedras preciosas. [39]

Ser rico e nobre e, além disso, ser também arrogante, por si só já atrai a desgraça. [40]

Depois de realizar a obra, é tempo de se afastar:

É esse o Tao do Céu. [41] [42] [43]

[36] Lembremo-nos do rio: não adianta interferir no curso natural das coisas para fazer com que percam o seu destino. Não deveríamos interferir no curso de nada, a não ser para ajudá-lo a estar mais no Dharma.

É importante fazer com que o rio cumpra a lei, sem deixar que ele transborde ou diminua o seu caudal.

[37] Seria como se eu tivesse uma faca muito afiada e fosse desafiada por alguém que quer tomar a minha supremacia. Ao perceber que o outro está afiando a própria faca mais do que eu, eu afio a minha ainda mais. Esse ciclo se perpetua até o aço da faca ficar desgastado.

Quando, por uma questão de vaidade ou de orgulho, tento levar a matéria até um nível de eficácia e perfeição muito grandes, ultrapassando o que ela pode alcançar, essa matéria perde a sua forma original. É como o que ocorre com a faca, cuja função é apenas a de cortar as coisas e não a de ser tão afiada.

[38] Outro exemplo: se, em determinado momento, eu decidir que quero muito subir ao alto de uma montanha, viverei uma obsessão que me fará não ver onde está o pico. Manter esse ritmo, sempre a caminhar para lá, certamente me levará a descer sem perceber, porque as montanhas têm subidas e descidas, as quais, se eu não estiver atenta, me levarão à dualidade oposta.

[39] Diz uma passagem de *O Profeta*, de Kahlil Gribran:

"Proteges tão bem a tua habitação! Trancas tão bem a porta! O que tens lá dentro? São coisas preciosas? Tens a justiça, a beleza, a bondade? Se não tens essas coisas, que valor tem a tua habitação? Por que tens tanto medo de a perder se não tens lá nada de valor?".

[40] Numa parábola zen, encontramos este trecho: "Certa vez, um príncipe muito generoso perguntou ao mestre: 'Mestre, ouvi falar sobre o egoísmo. O que é o egoísmo?'. Para demonstrar na prática, o mestre faz de conta que fica muito zangado e diz: 'Tu és um burro; mas que burrice!'. O príncipe, sem entender, fica ofendido: 'O que é isso? Por que me tratas assim, a mim que sou um príncipe?'. O mestre responde: 'Viste? Isso é o egoísmo, a vaidade, no campo psíquico'.

[41] No livro *Luz no Caminho*[2], de Mabel Collins, encontramos o seguinte trecho: "Trabalha como trabalham os ambiciosos, mas desapegado do fruto".

Um materialista diria: Vou construir um prédio de vinte andares. Um bom espiritualista diria: Eu vou construir um prédio de trinta andares, mas não é para mim, porque o faço pela Humanidade, pelo Dharma.

[42] Canto 19 do livro *Cânticos*, de Cecília Meireles:

Não tem mais lar o que mora em tudo.
Não há mais dádivas
Para o que não tem mãos.
Não há mundos nem caminhos
Para o que é maior que os caminhos
E os mundos.
Não há mais nada além de ti,
Porque te dispersaste...

---

[2] São Paulo: Pensamento, 1962 (fora de catálogo).

Circulas em todas as coisas
E todos te sentem.
Sentem-te como a si mesmos
E não sabem falar de ti.

[43] Esta é a lei divina.

Num trecho do livro *Como Superar seus Limites Internos*[3], Steven Pressfield afirma que chega-se a um determinado momento em que, depois de completada a obra, devemos dedicá-la e oferecê-la àquele que nos inspirou a criá-la, pois se ficarmos apegados ao fruto seremos escravos dele.

---

[3] São Paulo: Cultrix/Nova Acrópole, 2021.

X

Serás capaz de educar a tua alma, de modo a que ela possa abarcar a Unidade sem que se disperse? [44]

Serás capaz de unificar a tua força, a ponto de poderes alcançar a delicadeza própria de uma criança? [45]

Serás capaz de purificar a tua visão íntima, a ponto de a tornares límpida e lúcida? [46]

Serás capaz de amar os homens e governar o Estado, até ficares sem conhecimento? [47]

Serás capaz de ser como a fêmea de um pássaro, enquanto se abrem e se fecham as portas do Céu? [48]

Serás capaz, com claridade e pureza interior, de te empenhares em tudo sem necessitares agir? [49]

Deves produzir e alimentar,

Produzir, mas não possuir,

Agir sem tirares proveito próprio,

Expandir sem dominar:

Aí se encontra a Vida secreta. [50]

[44] Seja mais consciente, presente, atento à vida e eficaz do que os materialistas; mais identificado com o todo, sem esquecer o particular.

Há uma máxima que diz: "Ação local com visão global".

[45] No livro da sabedoria hindu, *Ramayana*, está escrito que Rama era um excelente governante por conseguir empurrar pesos enormes, ao mesmo tempo em que era capaz de consertar a asa de um pássaro. Ele tinha a delicadeza de um rio que não transborda nem seca. Vivia na justa medida, seguindo a lei da necessidade.

[46] Em qualquer tradição, a purificação é uma das virtudes mais importantes e deveria ser a ocupação diária do ser humano. Purificar-se desobstrui o caminho para que a luz divina chegue ao mundo e, junto com ela, surja por acréscimo a virtude, os valores e a sabedoria.

[47] Para o Tao, o conhecimento é o acúmulo de informação que não gera qualquer motivação nem ganho para a vida, porque é apenas informação, enquanto a sabedoria consiste em conhecer uma coisa hoje e começar a vivê-la a partir de amanhã.

É como em *Górgias*, de Platão, quando Sócrates diz para o sofista Cálicles: "Cálicles, não fujas da discussão. Tu tens de me convencer, pois se me convenceres de que isso é verdadeiro, amanhã irás encontrar-me a vivê-lo".

[48] A nossa consciência é como a fêmea de um pássaro que recebe o ovo, choca-o e lhe dá vida. Nós também devemos nos abrir às portas do céu para gerar uma criação e dar-lhe vida.

Quando um ser humano é realmente humano, ele é vertical e tem estrutura suficiente para que a cabeça toque o céu e os pés estejam na terra. Sabe que as verdadeiras ideias estão no plano das ideias e que, na realidade, o homem não cria nada, ele apenas recombina o que já existe.

É por isso que a verdadeira criação consiste na captação do mundo das ideias e na construção, no mundo material, à sua imagem e semelhança.

E essa ideia está até mesmo guardada, em forma de mito, em todas as tradições religiosas, o que significa que no mundo material nunca se está imitando, mas recebendo as ideias do mundo espiritual.

[49] Para Lao-Tsé, não ação é a ação por dever.

[50] Estas são as características de ação de um sábio: produzir e alimentar, mas não para si; ausência de desejos e de orgulhos.

"Aí se encontra a vida secreta" que é a vida interior.

Esse é o homem através do qual a vida transita.

É como Khalil Gibran diz: "Seja um posto de enriquecimento dos dons da vida".

"Para a fonte de onde veio, eu devolvo."

E também uma citação do *Bhagavad Gita*: "Dá-me o fruto purificado de expectativa e egoísmo. Age e exercita, por mim".

XI

O eixo está cercado por trinta raios;

A utilidade do carro depende do seu nada.

Busca-se a argila para modelar vasos; [51]

A utilidade dos vasos consiste no seu nada. [52]

Abrem-se portas e janelas para que exista um quarto;

A utilidade do quarto encontra-se no seu nada.

Tudo o que existe é para ser possuído; e o que não existe, para ser útil. [53]

[51] É no vaso que se coloca a água e a flor, enquanto o barro é responsável apenas por estabelecer os limites; é o nada, o vazio, que lhe dá a utilidade.

[52] Será que não existe um vazio, um silêncio, uma serenidade dentro de nós que também nos dá utilidade? Nós tendemos a achar que somos matéria orgânica ou matéria psíquica, mas estas são apenas as paredes. É dentro de nós que existe o que nos dá a utilidade.

[53] Existência é ilusão de posse.
"Nada" é o útil e o real.

XII

Os olhos do homem cegam com as cinco cores.

O ouvido do homem ensurdece com os cinco sons.

O paladar do homem degrada-se com os cinco sabores. [54]

O coração do homem acelera, quando este tem o vício da caça.

Possuir bens raros atrapalha a vida do homem. [55]

Por isso, o sábio trabalha com a finalidade de atender às necessidades do corpo e não se deslumbra com o que vê. [56]

Por isso, o homem sábio escolhe sempre uma coisa e recusa a outra. [57]

[54] Para o Taoismo, o número cinco é o símbolo de tudo o que existe.

Para os egípcios (que falam da barca de mil anos), 1.000 é também o símbolo de tudo o que existe, como apelo, no mundo material. Quando falamos em "cinco cores, cinco paladares", referimo-nos à pessoa que já esgotou todos os prazeres sensoriais e ficou viciada até o seu limite, correndo atrás de prazeres que não deixam que lhe sobre energia vital para outras coisas.

[55] Platão, em sua obra *A República*, diz que em cada luxo nasce um vício, pois o sistema de energia do ser humano é limitado. Se ele gastar tudo no plano material, não lhe sobra nada.

[56] O importante é acudir às necessidades naturais e não inventar outras. Desobedecer a isso desperdiçará a sua energia de vida. Se criar algo artificial, criará, por consequência, um desejo artificial e ficará como se estivesse correndo atrás das sombras da Caverna de Platão.

[57] Canto XIV, do livro *Cânticos*, de Cecília Meireles:

Eles te virão oferecer o ouro da Terra
E tu dirás que não.
A beleza
E tu dirás que não.
O amor
E tu dirás que não, para sempre.
Eles te oferecerão o ouro d'além da Terra
E tu dirás sempre o mesmo.
Porque tens o segredo de tudo
E sabes que o único bem é o teu.

XIII

A misericórdia é tão censurável quanto o susto. [58]

A honra é um mal tão grande quanto a personalidade. [59] [60]

O que quer dizer "A misericórdia é tão censurável quanto o susto"?

A misericórdia é algo de inferior. [61]

Quando se consegue, fica-se assustado.

Uma vez perdida, fica-se igualmente assustado. [62]

É o que se pretende dizer com "A misericórdia é tão censurável quanto o susto".

O que significa "A honra é um mal tão grande quanto a personalidade"?

Por ter uma personalidade, padeço de grandes males. [63] [64]

Se eu não tivesse uma personalidade, de que mal poderia padecer? [65] [66]

Portanto, àquele que honra o Mundo em si mesmo, será que poderia confiar-se-lhe o mundo? [67]

A quem ama o Mundo, em si mesmo, certamente que poderia confiar-se-lhe mundo. [68]

[58] A palavra "misericórdia": do latim, *miser* (miserável, infeliz) e "cor", *cordis* (coração) com o sufixo "ia": capacidade de sentir a desgraça dos demais.

[59] A honra é orgulhosa.

[60] A identificação com a personalidade confunde-nos. Se temos uma personalidade forte, é porque temos uma essência fraca, porque não conseguimos comandar a força da personalidade.

A personalidade não deve ser forte, mas, sim, flexível. Se for forte é porque é rígida, é orgulho.

[61] A misericórdia pode ser boa para quem a sente, mas provocar nos outros a impressão de que somos infortunados, o que fere profundamente a nossa dignidade, embora intencionalmente por vezes fazemos isso para manipular a compaixão alheia.

Não deveria ser natural ao homem querer que os outros tivessem piedade dele. Em vez disso, ele deveria querer mostrar-se sempre digno.

[62] Devemos discernir o que é orgulho e o que é dignidade, pois enquanto ter pena fere a dignidade, saber pedir auxílio, sem se rebaixar, quando realmente se necessita, é digno e não mancha o orgulho. Devemos procurar ser honrados dignos, não um honrado orgulhoso, que perde o respeito por si próprio e vai contra o Tao que vive em si, pois é muito difícil sair dessa situação.

[63] Costumamos pensar: "O que eu sou? Tenho uma essência espiritual?". Quem é o eu que tem a essência espiritual? É o ser

espiritual que deve dizer: "Eu tenho uma personalidade". Ela é apenas um veículo.

[64] Há uma citação em que é afirmado: "Não é mau ter riquezas, mas é bom e necessário olhar para elas, para saber quem manda em quem".

[65] Se me identifico com uma essência imortal, o que é que me podem tirar para que eu tenha medo? O que me podem dar para que eu tenha desejo, se eu já sou tudo?...

"Nada que é realmente seu pode ser tirado de você."

[66] Exemplo de um mestre Bodhidharma:

Numa ocasião, um discípulo chegou para conversar com um mestre Bodhidharma, e ficou muito tempo à espera da sua atenção. Num determinado momento, o mestre diz, finalmente: "Está bem! Já que insistes tanto, o que queres? Escolhe uma coisa, mas numa única frase". E o discípulo diz: "Mestre, tira-me do samsara!". Então o mestre diz: "Quem é que te colocou aí?".

[67] Quem atua em nome do mundo, pode recebê-lo nas mãos, pois é um canal, um dígito de Deus, pelo qual o mundo se manifesta. É um bom coordenador de atividades quem não faz nada por si.

"Este seria um bom coordenador das atividades do mundo, porque não faz nada por si."

[68] Aquele que ama o mundo age sempre em favor dele, ainda que o campo de ação seja pequeno. Ele atua pela beleza, pela bondade, pela justiça e pela verdade. Se for de mãos dadas com o mundo ele continuará a agir da mesma maneira.

XIV

Buscamos algo que não vemos: o seu nome é "semente".

Buscamos algo que não ouvimos: o seu nome é "sutil".

Buscamos algo que não sentimos: o seu nome é "pequeno".

Essas três coisas são indissociáveis.

Entretecidas, formam o "Um".

O seu aspeto superior não tem luminosidade;

O seu aspeto inferior não é escuro. [69] [70]

Nasce continuamente, mas não pode ser mencionado.

Ele regressa sempre ao Não Ser. [71]

Dá-se-lhe o nome de forma sem forma, imagem sem objeto.

Também é chamado de caos misterioso. [72]

Quando o buscamos, não lhe vemos o rosto;

Quando o seguimos, não lhe vemos as costas. [73] [74]

Quando nos apegamos ao velho caminho, a fim de dominar o Ser de hoje, podemos apreender o velho princípio. [75]

"Sutratma" é o que representa "o fio condutor do Tao". [76]

[69] Lao-Tsé diz que não vemos esse Uno, que existe dentro de todas as coisas, nem de frente nem de costas, porque ele não tem dualidade. É absolutamente isento de qualidades materiais e, por isso, exige que se desenvolva uma perceção que vá para além da mental. A nossa mente trabalha apenas com a dualidade e não possui nenhum dos atributos da matéria; contudo, é mais sólida do que uma cadeira.

[70] Uma convicção espiritual profunda constrói uma barca na qual a nossa vida vai navegar, pela eternidade; nem a morte pode nos tirar isso.

[71] Há um colar com várias contas de inúmeras formas, ligadas por um fio, que os indianos chamam "sutratma". Nessa analogia, o fio representa a realidade de tudo. Ele conduz todas as contas de volta para a unidade. É como o Tao que dá unidade a todas as coisas, porque, em essência, continuamos a ser um fio.

[72] Uma passagem taoista menciona um sábio que tem os olhos tão profundos que, quando se olha para eles, percebe-se um diálogo interior misterioso, um diálogo entre um homem e um Deus. Esse Deus está despertando dentro dele.

[73] É necessário superar o apego ao manifestado, que é dual, para começarmos a ter atributos absolutos, os quais nem a morte pode nos tirar, pois a essência está acima da dualidade. Apenas dessa maneira começamos a nos sentir mais firmes na Terra, onde até então nos sentíamos perdidos.

[74] A ausência de uma base segura, de um chão sob os nossos pés, faz nascer em nós a insegurança e a sensação de que este treme constantemente.

[75] Lao-Tsé fala de tradição:

Para resolver o presente e o futuro, devemos recorrer ao passado dos homens que adquiriram saber; dos homens que atravessaram "Kronos" e chegaram ao "Olimpo", ou chegaram a Deus. Temos direito a receber essa herança do passado porque ela nos pertence.

Houve homens que fizeram questão de deixá-la. "Quem sabe viver adora ensinar." É necessário que aprendamos sobre essa tradição, para podermos compreender aquilo que já descobrimos sobre o essencial da vida.

[76] Quando descobrimos a nossa essência, percebemos que ela vai além de nós, como um fio contínuo que passa por dentro de todos os seres, assim como ensina a doutrina hinduísta do "sutratma".

XV

Aqueles que, em tempos longínquos, eram Mestres eficientes, estavam secretamente unidos com as forças invisíveis. [77]

Eram de tal modo profundos que não era possível conhecê-los. [78]

Por não poderem ser conhecidos, só muito dificilmente era possível conhecer o seu aspecto exterior. [79]

Cautelosos, como quem atravessa um rio durante o inverno, [80] previdentes, como quem teme os vizinhos. [81]

Discretos, como hóspedes, dissipando-se como o gelo que se funde, simples como a matéria não trabalhada, eles eram vastos como o vale que é inacessível ao olhar, como o que é opaco. [82] [83] [84] [85]

Quem, como eles, no silêncio, pode colocar um pouco de luz nas trevas?

Quem, como eles, pode providenciar, a pouco e pouco, a serenidade? [86]

Os que permanecem nesse Tao não desejam a abundância, porque é por não a possuírem que eles conseguem ser humildes e, assim, evitam ser surpreendidos no caminho da realização. [87] [88] [89]

[77] Os mestres não falavam com ninguém, não mostravam *curriculum vitae*, não alegavam grandezas.

[78] Apenas se sente a presença dos mestres na sua ausência. Eles eram atentos, humildes, leves e dóceis seguidores do Dharma; hóspedes conscientes.

[79] Os mestres não enalteciam a própria personalidade, pois já tinham percebido que ela era meramente um dígito de Deus, um episódio de Deus no espaço e no tempo. Não gastavam energia de vida com o que era passageiro. Por isso, aqueles que foram verdadeiramente grandes, mal se sabe que existiram.

[80] A particularidade de saber que o mundo é muito fugaz, e por vezes muito frágil, permite-nos atravessá-lo com maior atenção e cautela.

[81] Os mestres não rotulam o mundo, pois sabem que este é dual e que, a qualquer momento, pode-lhes aparecer uma das suas facetas. No entanto, isso não os surpreenderia, pois eles já saem à rua sabendo que vai chover.

Marco Aurélio disse: "Faz sol e faz chuva. Se te surpreendes com isso, a culpa não é do mundo, mas tua, porque não estavas preparado".

[82] Quando a essência é muito profunda, não se vê facilmente à flor da pele, pois aquele que é superficial só entende o superficial.

Leon Tolstói disse: "Há quem passe por uma floresta e só veja lenha para a sua fogueira". É preciso ser verdadeiramente profundo para entender o que é profundo.

[83] Ao fazer o planejamento do ano, Carl Jung dizia: "Vou fazer isto, isto e aquilo, num ano. Quando digo que vou fazer isto, a minha preguiça vai dizer uma coisa e eu vou responder outra. A minha tendência a não querer comprometer-me vai dizer uma coisa e eu vou dizer outra". Jung já calculava os argumentos dos seus defeitos e refutava-os antes que eles se manifestassem.

[84] Uma passagem do *Bhagavad Gita* diz: "Dê-me o ato purgado de expectativa e de egoísmo, fixe a sua atenção na Alma, aja e realize por Mim".

[85] Aquilo que é passível de mudar a sua forma, que não é uma madeira bruta, na verdade é como um gelo derretendo que amanhã poderá ser outra coisa.

Uma oração indiana reza assim: "Que eu dê o meu melhor hoje! Que eu faça o melhor que posso hoje, mas que amanhã eu possa mais!".

[86] Quem tem um pouco de luz e serenidade tem domínio de si mesmo. Aquele que sabe que não tem nada de real a perder, nada teme.

[87] No *Bhagavad Gita*, Krishna diz: "Eu não me movo e, no entanto, tudo o que se faz é feito por mim".

[88] Diz um dos discípulos de Sócrates: "Esta é uma cidade de porcos". Sócrates pergunta: "Queres luxo? Está bem, vou trazer luxo, mas irão nascer os vícios".

[89] No *Ramayana*, Brahma diz: “Pede o que queres, que eu te darei”. Vibhishana responde: “Eu só quero uma coisa: que a minha vontade nunca esteja nem um passo à direita nem um passo à esquerda do Dharma”. Brahma acrescenta: “Vou dar-te isso, mas também vou dar-te a eternidade”.

XVI

Faz nascer em ti o vazio até o mais elevado grau!

Preserva a tua serenidade até o mais elevado nível!

Então, tudo pode elevar-se, em simultâneo.

Eu observo como evoluem as coisas.

Por mais diversas que sejam, todas as coisas voltam à sua raiz. [90]

Voltar à raiz exprime serenidade. [91]

Serenidade é voltar ao destino. [92]

Voltar ao destino tem o sentido de eternidade. [93]

Conhecimento da eternidade revela clareza. [94] [95]

Quem não conhece a eternidade acaba por confundir-se e transgredir. [96] [97]

Mas quem conhece a eternidade torna-se tolerante. [98]

A tolerância conduz à justiça.

A justiça conduz ao domínio.

O domínio conduz ao Céu.

O Céu conduz ao Tao, e este à continuidade.

Durante a vida inteira não se corre perigo. [99]

[90] Há algo interessante que se relaciona com essa passagem: quando os incas iam para a batalha, eles faziam uma oração aos Deuses, pedindo que as mãos deles estivessem do lado dos justos e não deles próprios.

[91] A primeira atitude que devemos tomar é retirar o que não é humano de nós, para nos purificarmos, removendo tudo aquilo que cria peso e não pertence à natureza humana, para depois ascender. É como a descida aos infernos.

[92] Khalil Gibran diz: "Ele vos amassa até vos tornardes moldáveis; e depois entrega-vos ao seu fogo sagrado para que vos torneis pão sagrado, para a sagrada festa de Deus".

[93] Qualquer procedimento que não tenha dentro de si a unidade, em vez de nos fazer expandir, limita-nos. Então, devemos querer o que é justo para nós, mas não o que é justo somente para nós.

[94] "O conhecimento da Eternidade esvazia de desejos o coração, de tal modo que nele fica um espaço para acolher os seres."

[95] Vamos recordar o mito da "caixa de Pandora", quando saem da caixa todos os males do mundo e apenas a esperança fica lá dentro. A esperança, com expectativas de paixão e desejo futuro, impede uma pessoa de libertar-se. Essa pessoa nem sempre se torna sábia diante do sofrimento, pois, dentro da fantasia, vive desfrutando o prazer que vem depois da dor. Se estivesse sentindo apenas dor, esta iria colocá-la numa situação desconfortável, não lhe restando outra saída que não fosse olhar para cima.

[96] Quem conhece o particular e acredita nele, investe toda a energia vital na ilusão. Por isso "acaba em confusão e pecado", já que pecou contra as leis da natureza.

[97] Todo ser possui dentro de si seres de eternidade e, quanto mais ele reconhece isso, melhor intui que algo dentro de si não vai ser engolido pelo tempo.

[98] Entender a dualidade, e saber quando as trevas da separatividade ganham contra a luz de alguém, torna-nos compreensivos e dispostos à luta. Nesse contexto, em vez de criticar alinhamo-nos à luz de cada um.

[99] Se tudo entra em fluxo, não há perigo, medo, ansiedade ou violência. Quando as plantas são plantas, os animais são animais, os homens são homens e os astros são astros, constata-se um estado de serenidade, no qual as coisas se harmonizam.

XVII

Quando um Grande Soberano governa, os súditos nem se apercebem que ele existe.

Os menores são amados e louvados. [100]

Os ainda menores são temidos.

Os inferiores são os mais desprezados.

Devemos ser ponderados com as palavras! [101]

Terminada a obra, os empreendimentos seguem o seu curso e as pessoas pensam: "Somos livres!". [102] [103]

[100] Os menores serão a próxima geração de governantes ou de súditos.

[101] Numa passagem de Cícero, este diz: "Perante o mau orador, as pessoas saem falando e pensando sobre ele. Perante o bom orador, as pessoas saem pensando em si mesmas".

[102] Uma pessoa que não sabe que foi comandada não sentiu o peso da mão de alguém sobre si. Quando um governante é mesmo bom, só se sabe que ele existiu.

[103] Há uma passagem que nos convida a comparar um sábio com um homem ignorante (o mesmo que comparar um navegador em alto-mar com um náufrago): um navegador atira uma boia ao náufrago, mas ele recusa porque quer salvar-se sozinho. Então, o navegador conclui que a melhor maneira de salvar o náufrago é atirar-lhe a boia sem que pareça que foi ele, e depois dirigir-se ao náufrago para que o náufrago diga: "Veja, mestre, encontrei uma boia". Então, o navegador deve elogiar o náufrago.

XVIII

Quando o grande Tao se perde, surge a moralidade e o dever. [104]

Quando prosperam a inteligência e o saber, surgem as grandes mentiras. [105]

Quando os parentes próximos entram em discórdia, surge o dever filial e o amor. [106]

Quando a desordem entra nos Estados, surgem os funcionários leais. [107]

[104] Se fôssemos seres humanos autênticos, não precisaríamos desse alerta. Se despertássemos essa condição humana em nós, não seria necessário obrigarem-nos a fazer o que nos é natural. E isso seria sabedoria, pois estaríamos ocupando o nosso lugar no universo.

[105] Há uma história que narra o seguinte:

Havia um filósofo que tinha dois discípulos. Certo dia ele disse-lhes: "Se vocês continuarem a crescer assim, vou levar-vos à casa de um verdadeiro sábio, que não é um filósofo como eu, mas um homem que já conquistou a sabedoria e que vive no alto de uma montanha". Num outro dia o filósofo disse: "Vocês já alcançaram o nível que merecem isso. Amanhã iremos lá". Eles apareceram às seis horas da manhã, na escuridão. No caminho, encontraram um pastor conduzindo um pequeno rebanho. Naquele rebanho havia um porco que tinha a pata aleijada. O rapaz batia-lhe com um pau para que ele andasse mais depressa. Nisso, apareceu um velho que disse ao rapaz: "Posso carregar este porco?". O rapaz disse que sim e, com toda a dignidade, o velho baixou-se e colocou o porco no ombro. Mais tarde, na caminhada, os discípulos perguntaram ao mestre: "Por que é que aquele cidadão carregou aquele porco?". O filósofo retorquiu: "Ele não fez aquilo nem pelo rapaz nem pelo porco, fez por ele mesmo, porque isso era o justo. Se não o fizesse, no futuro a sua consciência iria condená-lo". Ao chegarem ao cume da montanha, encontraram o velho que era, afinal, o sábio. Depois de um dia de perguntas, eles disseram: "Já perguntamos ao nosso mestre que nos respondeu satisfatoriamente, mas já que estamos aqui, será que podia responder-nos por que motivo carregou o porco?". O sábio: "Porco?". Eles: "Sim, quando estávamos subindo a montanha, vimos um velho carregando um porco de um pastor". O sábio retorquiu: "Desculpem-me, estou ficando muito velho e não me lembro disso. É uma pena não poder responder-vos, mas realmente não me lembro". Intrigados, eles foram embora. Ao descer a montanha, o mestre começou a rir. Estranhando, eles perguntaram: "Por que está rindo, mestre?". Este respondeu: "Estou rindo do que perguntaram ao sábio. Quando perguntaram a mim, respondi por que eu carregaria o porco. Eu, que sou filósofo, que não tenho ainda a sabedoria, carregaria o porco com medo de ficar com sentimento de culpa, depois. Ficaria sofrendo por não ter feito o que era mais justo".

Para o sábio, o ato é tão natural que a memória nem regista.

[106] Na sua expressão natural, o ser humano é virtuoso. Quando é necessário dizer-lhe o que fazer para ser virtuoso, ele já não o é, pois ainda não alcançou a plenitude da condição humana, que deve ser sempre o nosso objetivo, ainda que esteja distante. O objetivo tem de estar mais distante que uma estrela.

[107] Platão disse: Quando a sociedade tem muitos médicos, é sinal de que há muitos doentes; e quando há muitas leis, é porque há muitos infratores. Cabe a todos os seres fazer o que lhes é natural.

Não devia ser necessário lembrar aos seres humanos que fizessem, o que eles sempre souberam fazer.

XIX

Afastem-se da santidade, deitem fora o saber e o povo lucrará cem vezes mais.

Abandonem a moralidade, deitem fora o dever e o povo retornará ao dever filial e ao amor.

Ponham de lado a habilidade, deitem fora o lucro e não haverá mais ladrões e assaltantes.

Nesses três casos não basta ter boa aparência. [108]

Portanto, cuidem, para que os homens possam confiar em alguma coisa. [109]

Demonstrem simplicidade e prezem a honestidade! [110]

Reduzam o egoísmo. Sejam moderados nos desejos!

Abstenham-se da erudição! [111]

Então, ficareis livres de preocupações. [112]

[108] Não adianta reprimir desejos excessivos por ter alguém olhando, nem ser bom por obrigação, pois quando não houver controle iremos fazer exatamente o contrário daquilo a que nos obrigaram, para podermos experimentar o que nos impediram de fazer. Não devemos agir "para inglês ver", mas, sim, pela dignidade e não por obrigação.

[109] Diz uma parábola budista que um jovem desapareceu de casa, deixando o pai desesperado.

Passaram-se alguns anos em que, depois de contínuas buscas sem êxito, o pai acabou por dedicar-se aos negócios, vindo a tornar-se um grande proprietário, procurando com isso aliviar a dor pela perda do filho.

Outros anos se passaram, até que um jovem apareceu lá em casa. De imediato, o pai percebeu que aquele era o seu filho, já adulto. Mas este já não se lembrava do pai. O filho era agora um mendigo, enquanto o pai tinha se tornado um homem muito rico. Receoso da reação do filho, o pai foi esperando pelo momento mais propício para lhe revelar a verdade. Então, mandou que ele fosse contratado como auxiliar nos seus negócios, até que, passado mais algum tempo, o jovem tornou-se mordomo. Só vários anos mais tarde, depois de o filho ter subido bastante na carreira, o pai lhe revelou que ele era seu filho.

Não é fácil lidar com a natureza humana, mas é importante e útil aprender a fazê-lo bem, quando se deseja que esta seja beneficiada. Caso contrário, gera-se uma ideia ilusória.

[110] Será que a necessidade ética, estética, mística e humana existe mesmo, ou é só apenas uma encenação para nos entirmos aceitos?

Não basta sermos honestos, temos de parecer honestos, e o contrário também se aplica. Começamos com o parecer porque é pedagógico; no entanto, para a nossa consciência, isso é insuficiente.

[111] Os homens precisam confiar verdadeiramente em algo. Se tivermos uma convicção profunda do que devemos ser, toda a nossa atitude será pedagógica. O ensinamento estoico romano já afirmava que "o ensinamento se dá pelo exemplo".

[112] Praticar alguns excessos gera em nós o desejo de intensificar e permitir outros. A consequência disso é uma guerra eterna, porque a graduação do homem se dá em torno do ter e não do ser, e acredita-se que, para se ter valor na sociedade, é necessário ter excessos.

XX

Entre um "certamente" e um "provavelmente", qual é a diferença? [113]

Em que diferem o "bem" e o "mal"?

Sempre se deve honrar o que os homens honram. [114]

Ó solidão, qual vai ser a tua duração?

Todos os homens se mostram tão distintos como se fossem à grande festa das oferendas, como se fossem subir às torres, na primavera.

Só eu, por ser fraco, não recebi ainda qualquer sinal;

Como uma criança que ainda não aprendeu a rir, e que anda por aí irrequieta como se não tivesse um lar. [115] [116] [117] [118]

Todos os homens possuem o supérfluo, apenas eu não passo de um pobre ignorado.

Tenho o coração de um tonto, por demais confuso e sombrio.

Os homens mundanos são sabedores. Ah, tão sabedores! Só eu pareço um tonto.

Os homens mundanos são inteligentes. Ah, tão inteligentes! Só eu estou fechado em mim mesmo.

Turbulento. Ah! Como o mar! Em remoinho. Ah! Sem parar!

Todos os homens têm os seus objetivos; só eu sou um indolente, um mendigo!

Só eu sou distinto de todos os homens. [119] [120]

Mas considero muito importante buscar amparo junto da Mãe. [121] [122] [123]

[113] O princípio da polaridade do *Caibalion* diz: "O igual e o desigual são a mesma coisa; os opostos são idênticos em natureza, mas diferentes em grau".

Para o Taoismo, também tudo é igual. Como exemplo: aquele que é muito organizado, em certas circunstâncias de tensão emocional, desorganiza-se.

É como se carregássemos uma sombra às costas, que pode corresponder a 30 por cento de nós, mas que um dia se manifestará. Enquanto não abolimos a sombra e não chegamos até o nível de unidade, a sombra fica sempre à espreita.

[114] O modo pelo qual nos colocamos acima da banalidade indica a nossa honra, e não o orgulho. Imaginem que um indígena coloque uma pedra em cima de outra e diga que é uma representação de Deus.

Nesse caso, um filósofo deveria ter um respeito enorme por essa crença, porque aquilo que representa Deus para um homem deveria ser respeitado por toda a humanidade.

O que o homem honra e eleva acima da banalidade é o que de mais precioso a humanidade possui, não importa o tempo ou o espaço.

[115] De um modo geral, não há nada de mais estranho, para as pessoas em sociedade, do que procurar ser virtuoso. Às vezes deixamos a nossa identidade de lado para sermos aceitos pela sociedade e, para alguns, a carência é tanta que nem todos resistem.

[116] Mesmo quem procura o caminho virtuoso sente-se sozinho. Então, estar confuso não é a pior coisa que pode nos

acontecer, mesmo que os outros homens aparentem saber para onde vão e só nós pareçamos perdidos. Em todo o mundo há pessoas que estão confusas.

[117] A verdadeira solidão é estarmos desacompanhados de nós próprios, em processo de construção de identidade. Quando nos voltamos para nós mesmos, no início sentimos um vazio. Só o sábio nunca está sozinho.

[118] Ainda não sabemos que a natureza trabalha com qualidade, e que a consciência humana pode estar num único ser humano. Então, a partir do momento em que vamos criando em nós uma identidade humana, percebemos que as pessoas, que estão dentro desse inconsciente coletivo, não procuram a sua tribo diante de uma grande dificuldade. Elas buscam aqueles que podem lhes dar uma palavra válida.

Com frequência, o problema maior está em sabermos vencer a carência e em buscarmos entender o motivo por que queremos ser lembrados.

[119] Certa vez, Sócrates fez uma lista das perguntas mais difíceis que ele conseguia imaginar. Nem ele sabia as respostas. Então, foi para as ruas da cidade fazer as perguntas às pessoas. Quando parou de interrogá-las, pensou: "Realmente devo ser o homem mais sábio da Grécia, porque eu sei que não sei".

Segundo ele, não houve uma única pessoa que não tivesse dado uma resposta. Todos acharam que sabiam muito e colocaram a sua opinião para preencher o espaço de uma sabedoria que não ia além disso.

O maior impedimento para a sabedoria é acharmos que já sabemos, enquanto que, constatar que não sabemos é uma grande sabedoria.

[120] Não é incomum sentirmo-nos melhores na companhia de alguém que se questiona sobre qual é o sentido da vida. Essas pessoas são um tipo de humano que precisa de respostas para sobreviver.

[121] Entender o que a natureza diz requer um refinamento da nossa atenção. Busquemos entender as coisas para que a vida traga as suas respostas.

[122] Uma frase de um livro com um conteúdo importante, leva-nos a pensar: "Isso tem sentido, mas eu não entendo". Contudo, ao memorizarmos, podemos entender mais tarde, mesmo que seja dez anos depois.

[123] Há esta convicção: precisamos voltar à natureza e às suas leis para compreender a lógica de tudo, mas não devemos acreditar em tudo, nem acompanhar todos, apenas porque todos estão no mesmo caminho, como um idiota perguntador para quem isso é uma necessidade.

XXI

O Tao dá origem a tudo o que está contido na grande Vida.

O Tao dá origem à infinidade das coisas, de forma tão caótica, tão obscura... [124]

Caóticas e obscuras são as suas imagens.

De forma caótica e obscura, nele se encontram todas as coisas.

Sombrio e insondável, nele está a semente.

Essa semente é absolutamente verdadeira, pois nela se encontra a autenticidade. [125]

Desde a Antiguidade e até aos nossos dias, não é possível abstermo-nos de dar um nome a todas as coisas, para que estas sejam levadas em consideração.

De onde será que reconheço a natureza de todas as coisas?

Precisamente a partir da semente. [126]

[124] O Tao ou vazio (origem de todas as coisas) é incompreensível para a nossa lógica racional, pois a nossa razão foi feita para compreender a multiplicidade e divide-se para entendê-la. Então, de tão obscuro que é, ele parece um caos, por tratar-se de algo sem divisões.

[125] Todos nós temos um pequeno pedaço, uma semente, uma raiz, um propósito que pode expandir-se e dar origem a todas as coisas do mundo. É como se houvesse um pedacinho de Osíris (o pai, na trindade egípcia), dentro de todos os seres humanos. Nesse mito, ele é despedaçado, e Ísis precisa encontrar todos os seus fragmentos para poder reconstruí-lo, o que mostra a necessidade de ver Deus no interior de todas as coisas.

Nós costumamos ver apenas a sua aparência, mas também há essa potência em todos nós. Tendo-a encontrado, não podemos continuar inseguros, pois percebemos que aquilo que realmente temos não morre com o tempo.

[126] Em *Kratylos*, Platão disse que nas línguas mais antigas o "rótulo" tinha uma relação direta com o conteúdo, e esse era o motivo pelo qual se analisava a origem das palavras, de uma maneira que a etimologia moderna não reconhece. Platão disse que, nas línguas primitivas, os nomes expressavam a intenção de Deus no ser de quem os escrevia.

Hoje em dia, há uma perda de relação entre as palavras e aquilo que elas simbolizam, como um rótulo que não corresponde, em nada, ao produto.

XXII

O que é metade será inteiro;

O curvo será reto.

O vazio será cheio.

O velho será novo.

Quem pouco possui, receberá.

Quem muito possui, perderá. [127] [128]

Assim será com o sábio: ele abarca a Unidade e torna-se um exemplo para o mundo.

Ele não pretende brilhar; por isso alcança a iluminação.

Ele não quer ser nada; por isso será magnífico.

Não procura a fama; mas realiza obras.

Não procura a perfeição; por isso é exaltado.

Ninguém pode lutar com ele porque ele não luta. [129]

Os antigos diziam: "O que existe pela metade deve alcançar a integridade". Verdadeiramente, essa não é uma frase vazia.

Nela se encontra sintetizada toda a verdadeira perfeição. [130]

[127] Quem tem muito dinheiro não está preparado para a miséria. No entanto, a dualidade invoca necessariamente o seu oposto, e nós, por hábito, erroneamente nos apegamos a um polo, acreditando que este será eterno. A vida leva naturalmente para o lado oposto aquele que possui algo e o impregna de muitos desejos. Ela quer que ele aprenda.

Já o sábio, quando encontra na natureza alguma coisa que está fora da polaridade, permanece sereno. Olhando as polaridades de cima, ele aprende a usá-las sem criar dependência.

[128] O Eterno Retorno:

Lembramo-nos do comentário sobre a sombra? Podemos transitar de um polo para o outro rapidamente, porque ambos existem em nós e nós temos, da mesma maneira, a necessidade de transitar entre eles.

A fama dá origem ao anonimato, e a iniciativa gera a desmotivação. O homem precisa encontrar um princípio de neutralidade, algo que não se baseie numa forma de egoísmo, para não estar sempre perdendo alguma coisa. Na sociedade, as pessoas que têm coisas de valor não estão preparadas para perdê-las.

[129] O sábio não tem apegos e, por isso, não luta. Se estudarmos os princípios das artes marciais, perceberemos que, se uma pessoa não gosta que lhe batamos no rosto, este será o primeiro lugar a ser atingido. As artes marciais orientais dizem que a fenda da insegurança é onde o fio da espada corta, para que a pessoa aprenda a ficar segura naquele ponto. Então, se o sábio não está inseguro, por que haveria o fio de o cortar? É como se ele fosse transparente por não defender nenhuma posição pessoal.

[130] Se alguma coisa ficar pela metade, ela deve ser conciliada com o seu oposto e colocada acima dele. É necessário encontrar a integridade e a unidade, ultrapassando o egoísmo, pois, caso contrário, a própria natureza ensinará o desapego. Então, aquilo que está pela metade precisa ser preenchido. Sempre chegará o momento em que teremos de estar num estado de disponibilidade e a serviço da lei.

XXIII

Sejam comedidos nas palavras e tudo acontecerá naturalmente.

Um ciclone não dura mais que umas horas.

Um aguaceiro não dura o dia inteiro.

E quem os cria?

O Céu e a Terra.

Se o Céu e a Terra não podem gerar nada de permanente, muito menos o homem logrará fazê-lo. [131]

Se ages de acordo com o Tao, serás um com o Tao e com todos os que se encontram nele. [132]

Serás um, na Vida, com aqueles que têm Vida.

Serás um, na pobreza, com os que vivem na pobreza. [133] [134]

Se estiveres em unidade com eles, no Tao, os que têm o Tao virão alegremente ao teu encontro. [135]

Se estiveres em unidade com eles, na Vida, os que têm a Vida virão alegremente ao teu encontro.

Se estiveres em unidade com eles, na pobreza, os que são pobres virão alegremente ao teu encontro.

Porém, onde a fé não é firme, aí não se encontrará fé alguma. [136]

[131] Se os estragos produzidos pelo Céu e pela Terra são passageiros, imagine os de uma personalidade humana! Por mais que alguém nos tenha ferido ou injustiçado, isso passa. Inclusive, essa pessoa provavelmente voltará, mais tarde, porque há um ciclo de eterno retorno. Uma cidade que sofreu uma grande catástrofe, depois de vinte anos já não apresenta mais os seus sinais, porque o homem já a reconstruiu. Portanto, se o Céu e a Terra não trazem prejuízos definitivos, como poderia uma personalidade humana trazê-los? A não ser que, para justificar as perdas, a pessoa se acomode a lamentar-se e a vitimizar-se.

O homem tem essa capacidade de ir além do que é passageiro, porque tem dentro de si uma essência eterna capaz de produzir coisas eternas.

[132] Sempre encontraremos o sincero e o mentiroso, o honesto e o desonesto, porque o mundo é dual, de modo que não dá para esperar que o mundo deixe de ser dual para não nos ferir! Se isso acontecesse, o mérito não seria nosso, mas do mundo.

[133] O Professor Jorge Ángel Livraga dizia que "O homem com Deus é a maioria". Se não somos uma mera personalidade, mas um com o Tao, com o Dharma e com a vontade divina, somos capazes de atos que podem mudar a história. Quem se restringir a ser apenas uma pequena personalidade não conseguirá grande coisa nem para o bem nem para o mal.

[134] O *Tao-Te Ching* exige que analisemos sempre cada palavra. Às vezes, ele usa as palavras de modo totalmente simbólico. Com essa frase, ele quer dizer que, quando nos unificamos com

os despojados, com aqueles que se reduzem àquilo que são, e não às propriedades materiais, ganhamos poder sobre aquilo que não nos podem tirar. "Nada que é realmente seu pode ser tirado de você."

[135] Heráclito disse: "Os despertos possuem um mundo em comum, mas os que dormem voltam, cada um deles, ao seu mundo privado". A ilusão isola-os.

[136] A Fé, como confiança e visão, não é uma coisa que se possa ter apenas pela metade. Se acreditamos que há uma lógica na vida, um sentido para o mundo, além de justiça e bondade verdadeira, isso torna-se evidente. A Fé é uma pedra preciosa dentro do homem, e quem já teve a experiência de tocá-la não pode perdê-la. Essa "pedra preciosa" é a pedra sobre a qual construiremos a nossa essência do Ser, ou de Deus.

XXIV

Aquele que fica na ponta dos pés tem pouca firmeza.

Aquele que caminha com as pernas abertas não consegue avançar. [137]

Aquele que, por vaidade, quer mostrar-se, não terá a iluminação.

Aquele que quer a fama não chegará a ser admirado.

Aquele que se enaltece não chegará a realizar obras.

Aquele que vangloria a si mesmo não será exaltado.

Para o Tao, ele será como restos de comida e tumor purulento.

Todas as criaturas o desprezam.

Por isso, quem possui o Tao não envereda por esses caminhos. [138] [139]

[137] Qualquer pessoa que force a sua natureza para parecer maior do que é, torna-se comparável ao sapo da fábula que, ao inchar para ficar maior do que o boi, acaba por arrebentar.

Nós vivemos um pouco com o que Jung chamava de "ação do ego". Mesmo aquilo a que chamamos de complexo de inferioridade não é mais do que vaidade invertida. Não é que sejamos maus, pois nós somos bons, embora as pessoas não vejam isso, mas quase sempre temos uma visão distorcida de nós mesmos e, quando achamos que já conquistamos algo, poupamo-nos da batalha de conquistar mais, pela fantasia de que já fizemos o suficiente.

Portanto, conclui-se que o que queremos é parecer maiores e ocupar um espaço superior àquele que nos cabe por justiça.

[138] Para o Taoismo, há um senso de justiça inato em todo ser humano. Por isso, este sente-se ferido quando os outros seres querem ocupar um espaço a que não têm direito, como se tivessem espinhos que espetassem uns aos outros. E como valorizamos o que é passageiro, tomamos isso como uma questão pessoal e desperdiçamos energia.

Em consequência disso, sempre que nos exasperamos e invadimos o espaço de alguém, tornamo-nos agressivos em vez de buscarmos ser grandes. E quando os outros nos devolvem a agressividade não entendemos o porquê.

Lao-Tsé disse que nós sempre temos uma parcela de culpa pelo que nos acontece, por causa da maneira como ostentamos o êxito.

Aqueles que realmente fazem as coisas bem feitas são leves e quase invisíveis.

[139] Segundo o Dharma, encontrar a nossa harmonia ocupando o lugar que nos corresponde por natureza, é desempenhar o papel que nos é próprio e que recebemos ao nascer. Fazer isso da melhor maneira possível faz com que ocupemos o nosso espaço de modo justo.

XXV

Existe uma coisa que é invariavelmente perfeita.

Antes que o Céu e a Terra existissem, ela já se encontrava ali, tão silenciosa e solitária.

Ela continua solitária e inalterável.

Corre em círculo, mas não se coloca em risco.

Pode ser denominada como "Mãe do Mundo". [140] [141]

Não sei o seu nome, mas chamo-a de Tao.

Dando-lhe um nome, com alguma reserva, qualifico-a de Grande.

"Grande" significa "sempre em movimento".

"Sempre em movimento" significa "distante".

"Distante" significa "de volta". [142]

Então, o Tao é grande, o Céu é grande, a Terra é grande e o Homem também é grande. [143]

No espaço há quatro grandes e um deles é o Homem. [144] [145]

O Homem guia-se pela Terra; a Terra guia-se pelo Céu.

O Céu guia-se pelo Tao.

O Tao guia-se por si mesmo. [146]

[140] Platão falava do homem de ouro, que não se altera, nem mesmo em contato com a pele humana, porque é fiel a si mesmo. A fidelidade a nós mesmos é o caminho para nos colocarmos acima da dualidade.

[141] Lembremos que há o 0, ou vazio, de que emana o 1 (Demiurgo, ou ser criador que ele chama de Mãe de todas as coisas) e o Céu e a Terra são dois aspetos desse 1, ou a Mãe do mundo. Ela cria tudo como palco do mundo, para que todos os seres venham à existência e percebam a si mesmos. Ela cria isso como um espelho, para que a consciência veja a si mesma projetada nele. A partir dessa lógica do Tao, yin e yang, gira à volta de si mesma (o eterno retorno), regressando sempre ao ponto de partida. Esse eterno retorno faz parte da lógica da natureza, manifestada na sua polaridade de espírito e matéria.

É por isso que não há necessidade de termos pressa, quando algumas pessoas são justas ou não, nos tratam bem ou mal. Um dia chove e noutro faz sol, e precisamos estar preparados para a dualidade do mundo, colocando-nos acima das circunstâncias.

[142] Tudo que vai volta. Ora está de um lado, ora está do lado oposto, num movimento circular da manifestação. Nessa tradição, acontece o mesmo com a morte e com a vida, que também vão e voltam.

[143] Quando o homem atinge a plenitude da condição humana, ele já é tão uno quanto as outras grandes coisas do mundo, e está tão acima da dualidade quanto elas. O homem pleno é uma das grandes potências do universo, pois a capacidade de se colocar acima das alternâncias do mundo faz dele um sábio.

[144] Devemos constantemente nos lembrar que o homem também é grande. Não podemos perder a fé no ser humano. Precisamos lembrar do quão grandiosa pode chegar a ser a condição humana. Grandes pensadores até mesmo disseram que devemos ouvir uma boa música ou ler uma boa poesia de vez em quando, pois se passarmos uma semana apenas lendo o jornal perderemos a fé por completo.

Perder a fé no homem é muito perigoso, porque nos tira toda a perspectiva de superação.

[145] O ser humano precisa estar em harmonia com o coração do universo, por meio da sua manifestação e do seu recolhimento constantes. Esse coração é parente do nosso e ambos falam a mesma língua. Juntos, funcionam como um centro de inteligência, de virtude e de valores, capazes de harmonizar o homem com o que o universo tem de melhor.

O homem que encontra a sua essência, a sua verdadeira identidade, está alinhado com todos os corações do universo.

[146] Tudo se ergue para cima, para a lei universal. Alguns escritores relatam que, antigamente, haviam homens que eram considerados sábios pela sociedade, e havia outros que se apaixonavam tanto pela sabedoria deles que tentavam imitá-los. Aqueles que imitavam os sábios eram amantes da sabedoria ou filósofos, e toda a cultura da sociedade se inspirava no comportamento deles, o que fazia com que todas as pessoas olhassem para cima.

É a partir de exemplos como esse que a palavra cultura provém de cultivar, de trazer à superfície a semente, para que esta receba a luz solar.

XXVI

A leveza tem a sua origem no peso da matéria. [147]

A tranquilidade é senhora da inquietação. [148]

Assim é o sábio: ele viaja todo o dia, sem se apartar da pesada bagagem. [149]

Ainda que toda glória se apresente diante dos seus olhos, ele permanece feliz na sua solidão. [150]

Não é permitido ao Senhor do Reino preocupar-se com o universo!

Devido a essa desatenção perdemos as raízes.

Por nos inquietarmos perdemos a soberania. [151]

[147] A nossa essência não tem corpo. Para se manifestar no mundo, ela precisa de uma âncora, de alguma coisa que pese, que a revista e a traga para o mundo.

[148] A inquietação é como a geografia terrestre, com altos e baixos, e a calma é como o sol, lá no alto, a consciência espiritual. Se essa luz espiritual toma o controle da matéria, esta ameniza seus altos e baixos e passa a ser um cavalo que dá menos coices.

[149] É dito que, como a nossa essência imortal carrega uma personalidade (um peso) se pensarmos em ir de uma casa para a outra, por meio da personalidade, para o efeito gastamos energia, combustível e tempo. Se utilizarmos o pensamento, chegaremos num instante. De qualquer modo, ao transportarmos essa personalidade, desenvolvemos vontade, iniciativa e quebramos a inércia da matéria, o que nos ajuda a crescer. É assim que o sábio faz: arrasta esse peso pela vida, fazendo tudo o que tem de fazer, carregando-o e acabando por valorizá-lo.

Essa é uma referência histórica e simbólica presente em muitos livros sagrados. Na China antiga, por exemplo, as pousadas não tinham camas; as pessoas tinham de levar alguma coisa sobre a qual dormir. Por esse motivo, os viajantes andavam, naturalmente, com uma bagagem pesada.

[150] O sábio consegue ficar consigo mesmo e com todas as pessoas, em estado de presença. Já a maioria de nós precisa estar com pessoas e não consegue.

[151] Nesse caso, o sábio refere-se à nossa essência imortal e à necessidade de nos preocuparmos apenas em fazer o que nos corresponde, como seres humanos. Um dos maiores impeditivos para que cumpramos o nosso papel no mundo da melhor maneira possível, é ficar dando opinião sobre o trabalho dos outros, em vez de nos concentrarmos no que é nosso.

Ele também fala do homem político, porque sabe que todas as coisas estão no seu devido lugar, e que o universo espera que cada um esteja onde lhe compete estar.

Certa vez, quando os celtas se encontraram com Alexandre, o Grande, este perguntou a eles: "O que é que os celtas temem?". Um dos druidas respondeu: "Nós, celtas, apenas tememos duas coisas: que o céu caia sobre a terra ou que o mar se eleve em direção ao céu. Se o céu e o mar sabem o que fazer, nós também o sabemos e tudo permanece no seu lugar".

XXVII

O bom caminhante não deixa rastro.

O bom orador não necessita desdizer coisa alguma.

O bom matemático não necessita de um ábaco.

O bom guardião não necessita de fechadura nem de chave e, ainda assim, ninguém pode abrir o que foi guardado por ele.

Aquele que sabe amarrar bem, não necessita de corda nem de amarras, e a ninguém é possível desatar o que por ele foi atado. [152]

O sábio tem o conhecimento necessário para salvar os humanos.

Por esse motivo, para ele não há humanos indignos.

Ele sabe sempre como podem ser salvas todas as coisas.

Por esse motivo, não há coisas desprezíveis para ele. [153]

Isso significa "viver com lucidez".

Dessa maneira, os seres humanos de bem instruem os menos bons. [154]

Quem não honra os seus mestres, nem respeita a sua própria natureza material, comete um erro grave, apesar de todo o seu conhecimento. [155]

É esse o grande segredo!

[152] Quando está em conformidade com os seus propósitos, o ser humano sabe lidar com a matéria com uma eficiência fora do comum, e faz isso em nome do bem, da justiça, da beleza e da verdade.

Portanto, se em algum momento a justiça manda que ele faça um nó, ele o faz a ponto de ninguém o poder desatar, a não ser em nome da justiça. Ele é delicado, não tem excessos, não fere e nem destrói as coisas. O excesso revela uma pessoa insegura.

[153] O sábio considera que nada é desprezível. Ele não julga nenhum ser vivo como diferente de um ser humano, porque sabe que ele cumpre um papel tão importante quanto o dele. Perante todas as situações com que se depara, ele atua com o máximo de carinho, atenção e delicadeza, lançando sobre as coisas o máximo de luz que lhe é possível.

[154] Ninguém é menos bom por ser inferior, mas por não ter chegado ao mesmo nível de consciência.

Por ser lúcido, o sábio pode lançar luz a todos os seres, distribuindo-a com a mesma generosidade com que a recebeu.

A palavra "lucidez" vem de "luz".

[155] Nós precisamos respeitar o contexto em que nascemos ou estamos. Ele é o melhor que poderíamos ter para dar o próximo passo na escada humana e tem muitas coisas a nos ensinar. Com frequência, pensamos: "Ah, se eu pudesse escolher, escolheria melhor!", mas certamente não seria assim.

Devemos valorizar a vida e aceitar a oportunidade que nos é dada como a melhor que é possível experimentar. Se não fosse assim, a vida seria um caos.

XXVIII

Aquele que reconhece a virilidade em si mesmo, e cuida da sua feminilidade é o Abismo do mundo. [156]

Se é o Abismo do mundo, jamais é abandonado pela vida eterna, voltando a ser como uma criança.

Aquele que conhece a pureza que habita em si, e cuida da sua fraqueza é um modelo para o mundo. [157] [158] [159]

Se é um modelo para o mundo, a vida eterna não o desampara, permitindo-lhe retornar ao não criado. [160] [161]

Aquele que conhece a honra que habita em si, e cuida da própria vergonha é o Vale do mundo. [162]

Se é o Vale do mundo, encontra felicidade na vida eterna e retorna à simplicidade.

Se a simplicidade é promovida, dela resultam homens "úteis".

Se o sábio age com simplicidade torna-se o mestre dos seus subordinados. [163] [164]

Portanto, para realizar uma obra grandiosa não é necessário podar. [165]

[156] Aquele que reconhece as dualidades, coloca-se acima delas e as usa quando necessário é o próprio abismo.

[157] Imaginemos que nos identificamos com algo permanente e com uma essência imortal, e que a nossa vida é uma caixa de ferramentas. Será que, ao olhar para as dualidades que há no mundo, e também dentro de nós, teremos noção da nossa fraqueza ou da nossa força? Isso depende da circunstância. Se formos cuidar das asas de um passarinho, precisaremos ser frágeis e delicados, mas, para empurrar um carro para fora de um buraco, necessitaremos deixar de lado a fraqueza e escolher a força.

[158] Numa passagem de *Os Ensinamentos de Don Juan*, Carlos Castañeda pede que Don Juan ele vá visitá-lo nos Estados Unidos e ele diz que sim. No entanto, Don Juan era um desajeitado que iria chamar a atenção de todas as pessoas se fosse com as roupas que costumava usar, de modo que apareceu no aeroporto vestindo terno e gravata. Carlos perguntou-lhe: "Então, esse é o seu estilo? Onde estão as suas verdadeiras roupas?". Don Juan respondeu: "Estou nos Estados Unidos. Queria que eu viesse vestido de índio Tolteca, para quê? Para chamar a atenção? Não me identifico com nenhum formato, mas com a eficiência".

[159] No *Ramayana*, o rei dos ursos diz: "Sr. Rama, chegou a hora. Liberta a nossa violência!". É que todos os outros recursos já tinham sido utilizados, mas em vão.

[160] Todo aquele que se identifica com as formas terá o mesmo destino que elas.

[161] Ele é como um ator profissional que usa o personagem, mas continua sabendo quem é.

[162] Platão afirmou que "vergonha é intimidar-se pelo que é bom", enquanto "pudor é intimidar-se pelo que é mau".

Se nos deixarmos intimidar pelo que é mau, estaremos perdidos, pois esse é o último sintoma da consciência moral no ser humano. "Fiz uma coisa ruim, mas estou com vergonha."

[163] Para o Taoismo, os subordinados são aqueles que são úteis para alguma finalidade social. O verdadeiro homem usa as coisas do mundo, fazendo com que estas sejam úteis, mas não é usado por elas. Nesse aspecto, o sábio não pode ser considerado útil.

[164] Se Troia tivesse de ser destruída para dar lugar a Roma, a história precisaria de "ferramentas" da época para conseguir o que queria, e usaria alguém que estivesse desocupado, que fosse inconsciente e que não tivesse mais nada para fazer.

Seria como se o homem fosse usado pela sua própria perturbação, desequilíbrio e paixões para executar o propósito histórico.

[165] Podar tem o sentido de invadir, transbordar, ir além do espaço justo e natural, no mundo.

XXIX

Sei, por experiência, que querer conquistar e manipular o mundo não é correto.

O mundo é algo espiritual que não deve ser manipulado.

Quem o manipula, destrói-o; quem o retém perde-o. [166]

Algumas vezes as coisas adiantam-se, outras vezes atrasam-se; ora emanam calor, ora um frio gélido; algumas vezes são fortes, outras são fracas; ora flutuam à superfície, ora se precipitam.

Por essa razão, o sábio preserva-se de todo o excesso, quer de quantidade, quer de número, quer de medida. [167]

Aquele que tem verdadeiro Tao ajuda um soberano, não procurando dominar o mundo pelas armas, porque sabe que as ações recaem sobre a sua cabeça.

Nos lugares onde acamparam exércitos nascem cardos e espinhos.

Depois das batalhas seguem-se sempre anos de fome.

Por essa razão, o homem de valor procura sempre a decisão e não se dispersa.

Ele jamais procura conquistar por meio da força. [168]

[166] Um guerreiro pode pegar num copo de duas maneiras: com força, o que fará o cristal quebrar em pedaços, ou com delicadeza, que o deixará intacto, ainda que esse guerreiro tenha acabado de derrotar um exército.

É essencial ter cuidado e controle com a natureza daquilo com que lidamos em cada detalhe da vida. É como ter consciência da dualidade que há no interior de cada um de nós.

[167] Marco Aurélio disse: "Se alguém pensa sair à rua irá encontrar o honesto e o desonesto, o justo e o injusto, a chuva e o Sol. Portanto, deve sair preparado para encontrar tudo isso. Se nos molharmos a culpa não é da chuva, mas nossa, porque não saímos preparados para ela".

[168] É como ocorre num conto de fadas, em que o rei diz ao príncipe: "Salve a minha filha que está presa por um dragão".

O objetivo do príncipe é salvar a princesa, mas, se o dragão atravessar o seu caminho, ele será obrigado a tirá-lo de lá, embora a sua motivação não seja odiar o dragão, porque essa não é a motivação humana. O objetivo não é matar, mas alcançar a finalidade com o menor dano possível.

Essa imagem representa a salvação da nossa consciência que, em geral, está mergulhada na matéria. Se der para tirar o dragão da frente ou domesticá-lo, deveremos permitir que isso aconteça.

Não é evidente que a nossa motivação seja sempre a destruição de algo.

XXX

Decisão sem soberba,

Decisão sem vaidade,

Decisão sem orgulho,

Decisão por impossibilidade

de agir de outro modo.

Decisão sem violência. [169] [170]

[169] Nós temos de fazer o necessário. Uma criança que coloca o dedo na tomada será repreendida e ouvirá com firmeza, e até zanga, o motivo porque não deve mais fazer isso. Porém, se ela aprender as letras, receberá sorrisos e beijos. Em ambos os casos, permanece a paz e a serenidade, a justiça e o Dharma, que são o suficiente para cumprirmos o nosso lugar no mundo.

[170] A justiça, em conjunto com a vontade, não deve ser omitida quando o momento as invocar. Ela exige amor e fraternidade. Que nunca o sofrimento alheio seja motivo da sua alegria, pois esse é o "carma da crueldade".

XXXI

As armas são instrumentos de mau presságio; acredito que todos os seres as abominam.

Por isso, quem possui o verdadeiro Tao abomina-as.

O nobre, [171] [172] na sua vida comum, considera a esquerda como lugar de honra, mas, na lide das armas, a direita é que representa o lugar de honra. [173]

As armas são instrumentos de mau presságio; não são os instrumentos característicos dos nobres, porque estes apenas os usam quando não podem evitá-lo.

Eles preferem a tranquilidade e a paz, pois estas é que são, verdadeiramente, o bem supremo.

Quem se congratulasse com tal coisa, estaria congratulando-se com o massacre dos homens.

Quem se congratulasse com o massacre dos homens, jamais alcançaria o seu verdadeiro objetivo no mundo.

Nos dias felizes, o lado esquerdo é considerado o lugar de honra.

Nos dias infelizes, o lado direito é considerado o lugar de honra. [174] [175]

À esquerda fica o subcomandante; e à direita, o comandante supremo.

Isso significa que ele também ocupará o seu lugar, segundo as regras usadas nas exéquias. [176]

Quando se dá a morte de um grande número de homens, esse acontecimento deverá ser lamentado com lágrimas de compaixão.

A postura de quem vence uma batalha não deve ser diferente da postura de quem assiste a um funeral. [177] [178]

[171] A etimologia da palavra "príncipe" é a mesma da palavra "princípios" e significa "aquele que vai à frente" no sentido de ser exemplo.

[172] "Nobre" tem origem na palavra *cognoscere* que significa "vir a saber", e é o mesmo que abranger, no mais alto grau, as características de um ser humano, de modo que este possa ser reconhecido como tal.

Quem possui essa nobreza de alma concebe as armas com simplicidade, porque, para o Taoismo, uma arma é algo inútil que nunca é utilizado.

O homem deve disciplinar-se por valores, e as armas não devem ser utilizadas para causar medo, mas apenas quando é absolutamente necessário usá-las.

[173] O símbolo da direita e da esquerda é considerado, em várias tradições, sob dois aspetos: um, o nascer e o pôr do Sol; o outro, a posição do coração. A questão do nascer e do pôr do sol varia muito de uma tradição para outra, devido à localização geográfica; contudo, quando se trata do coração, essa variação não existe. Para o Taoismo, as duas posições são boas e necessárias, mas cada uma deve ser usada em momentos específicos.

O Tao, que é a harmonia da dualidade, considera que o homem equilibrado deve agir no mundo espiritual ou interior da mesma maneira que age no mundo material ou exterior, em concordância com as leis que conhece.

Plotino dizia que "contemplação" aponta para cima, enquanto "organização" aponta para baixo. São as duas operações da alma: subir e contemplar; descer e organizar.

Quando o homem precisa se organizar, ele coloca-se à direita, mas quando precisa se elevar, coloca-se à esquerda, que está em relação com o ímpar, o interior, o coração, a elevação, a contemplação dos arquétipos. Quando o Estado está em paz, o príncipe senta-se do lado esquerdo, para elevar todas as pessoas a uma reflexão e a uma vida interior; porém, quando o Estado está em guerra, o príncipe senta-se do lado direito.

[174] No feng shui, vemos que a esquerda é símbolo de espiritualidade, enquanto a direita simboliza o mundo material. Nenhum dos dois é mau. Todos são bons e complementares, como o yin e o yang.

O sábio sabe lidar com ambos os lados, mas não se alegra quando, ao descer ao mundo por dever, é obrigado a causar algum tipo de dor, pois só o faz se for estritamente o seu dever.

[175] No Oriente, a esquerda representa o céu e o princípio yang e é mais divina e mística por estar associada ao coração; já à direita está o símbolo da Terra, dos assuntos profanos e das colheitas, associado ao yin.

[176] Quando morre alguém importante, um rei, príncipe, comandante, posiciona-se à direita, num lugar que tem tanto um papel fúnebre quanto de guerra. Nunca se pode ir para a direita e voltar com alegria, mesmo em caso de vitória, porque a guerra não é coisa que se comemore, mesmo quando se vence.

[177] A tradição indiana diz: "Quando um único ser humano cai, também parte de mim cai com ele; mas quando um único ser humano se eleva, também parte de mim se eleva aos céus, com ele".

Por isso, a postura ideal é entristecer-se quando um ser humano cai, porque, para que todos nós evoluamos, temos de encontrar um modo de descer, para erguê-lo, pois ele é um pedaço de nós.

Não tem cabimento empurrar ainda mais e acrescentar ódio àquele que está no fundo.

[178] É como quem se lastima pela quantidade de vidas perdidas, apesar de ter feito o máximo possível para evitar que isso acontecesse. Não devemos ficar tristes com a perda de vidas que, por ignorância, levaram a uma situação-limite, como a que ocorreu.

XXXII

O Tao, assim como o eterno, é de indescritível simplicidade.

Embora pequeno, o mundo não se atreve a fazer dele um serviçal.

Se reis [179] e príncipes pudessem zelar por ele, com dedicação, todas as coisas revelariam hospitalidade. [180]

Unidos, o Céu e a Terra destilam um orvalho suave.

Por si mesmo, o povo saberia encontrar o equilíbrio, sem que lho impusessem.

Os nomes surgiram apenas depois de se ter iniciado a criação.

Os nomes também alcançam a existência e não se tem noção de quando é necessário parar. [181]

Se soubermos quando é necessário parar, deixaremos de correr riscos. [182]

O vínculo entre o Tao e o mundo é comparável aos ribeiros que brotam das montanhas, e às águas do vale que se entregam aos rios e aos mares. [183]

[179] "Rei" provém do latim *rex* e deriva do indo-europeu *reg*, que significa mover-se em linha reta. Assim, a palavra "rei" assume o sentido de "dirigir, guiar, comandar".

[180] O Tao é o ser espiritual que penetra todas as coisas, como um sopro, de modo a beneficiá-las, assim como a água nutre e alimenta tudo, com suavidade, abrindo espaço onde é possível.

Se o Tao fosse usado por um dirigente dedicado, no governo de uma nação, este, certamente, tornar-se-ia melhor, pois em vez de desejar obter proveito, ele seria generoso nos seus atos e limaria todas as arestas. Se os dirigentes fossem como o Tao, as pessoas cresceriam, pois teriam um exemplo de como isso é possível. No homem, as sementes de grandeza precisam de uma imagem para florescer e germinar.

[181] Criar nomes em bolas de sabão é um grande problema de linguagem, porque, à medida que damos nomes às coisas, começamos a desejá-las como se fossem reais.

[182] Toda necessidade real tem na natureza algo que a colmata [completa]. Para a sede, a natureza dá a água; para a fome, a natureza dá o alimento. Porém, para o que inventamos ela nada dá. A natureza não satisfaz fantasias e, por isso, as necessidades não reais são um desperdício de energia.

[183] O vínculo do Tao com as coisas tem o propósito de levá-las à Unidade, assim como os rios que procuram o mar. Ele conduz as coisas para trabalharem para o todo, vencendo o egoísmo.

Esta é a visão do Taoismo: "O teu inimigo é o egoísmo, e a tua meta é a Unidade, pois tudo o mais é ilusório".

XXXIII

Aquele que conhece os outros é inteligente;

Aquele que conhece a si mesmo é sábio.

Aquele que vence os outros é forte;

Aquele que se vence a si mesmo é poderoso.

Aquele que se afirma tem força de vontade.

Aquele que é autossuficiente é rico.

Aquele que não perde o seu lugar é estável.

Aquele que não sucumbe, nem mesmo na morte, mantém-se vivo. [184]

[184] Esse trecho assemelha-se a uma passagem do *Dhammapada*, em que vemos como quem sabe lidar com os inimigos interiores lida melhor com os exteriores. Como o nosso interior é obscuro, não sabemos quem somos ou quem é o inimigo. Então, quando conseguimos ver dentro de nós, temos mais facilidade de ver fora. Verdadeiramente corajoso é aquele que vê interiormente e sabe discernir as coisas.

Há uma passagem que diz: "O verdadeiro guerreiro não luta porque ele já venceu a si próprio". Aqueles que o circundam não se sentem tentados a desafiá-lo para a batalha porque ele é estável.

XXXIV

O grande Tao é onipresente; pode encontrar-se à direita e à esquerda. [185]

Todas as coisas devem a sua existência ao Tao e ele não as ignora.

Realizada a obra, ele não a considera como sua propriedade.

Todas as coisas são vestidas e alimentadas por ele, sem que pretenda ser o senhor delas. [186]

Por nunca ter desejos, pode ser chamado de pequeno.

Mesmo que todas as coisas dependam dele, ainda que não o reconheçam como seu soberano, elas podem chamá-lo de grande. [187]

O mesmo acontece com o sábio que não se enaltece em nenhuma circunstância.

Por isso, ele realiza a sua grande obra. [188] [189]

[185] A Lei divina vai aonde é necessária e obedece à lei da necessidade, sem nunca rejeitar o mundo material.

[186] Quanto mais espiritual é a pessoa, menos ela tem necessidade de tomar posse do que quer que seja. Ela deixa de desejar ter aquilo que já é dela. É o mesmo que uma mão querer possuir um pé, o que é impossível, porque os dois fazem parte do mesmo corpo. Se houver uma gota de desejo ou de interesse egoísta, qualquer coisa que façamos irá ferir alguém, por mais que em si mesma a ação seja correta.

Por vezes observamos pessoas que, apesar de estarem uma ao lado da outra, são muito diferentes, porque uma fere quando fala, e a outra não.

[187] O que é pequeno passa despercebido, mas também é grande, porque tudo o que se move, move-se graças a ele (embora não se apegue a nenhum atributo). O Tao é idêntico a isso. Ele habita dentro de todas as coisas e é a própria essência delas. O que somos nós? Somos aquilo que, dentro de nós, é parecido com o Tao.

[188] É evidente que ainda não temos a sabedoria, mas estamos em busca dela. Nós, seres duais, imperfeitos, que sentimos um pouco de Tao dentro de nós, estamos na vida, um palco em que podemos buscá-la. Se não a procurarmos ou caminharmos na sua direção, ainda não estamos no palco da vida. Somos meros espectadores que assistem a vida acontecer.

[189] Uma passagem do *Bhagavad Gita* diz: "Eu não ajo, mas tudo o que é feito, é feito por meu intermédio".

Devemos abster-nos de egoísmo ou vaidade, sem omissão ou displicência.

A ausência de desejos gera o mínimo de resistência.

XXXV

O mundo virá ao encontro de quem é fiel ao grande Arquétipo. [190]

O mundo vem e não é perturbado na tranquilidade, na dignidade e na felicidade. [191]

Facilmente a música e as iguarias podem levar o peregrino a deter-se no caminho. [192]

O Tao aflora na boca, suavemente e sem sabor. [193] [194]

Procuras o Tao com o olhar e não vês nada de incomum; prestas atenção e nada ouves de especial. [195]

Ages em conformidade com ele e não alcanças o fim.

[190] Há uma lei que diz que “semelhante atrai semelhante”. Assim como o açúcar atrai formigas, a sabedoria atrai os seres humanos. É como se fosse uma lei da gravidade invertida, porque, nesse caso, falamos da gravidade do espírito.

[191] Essa serenidade da alma é sinônimo de felicidade humana. Todo o resto é apenas prazer transitório que, embora não seja mau, é insuficiente.

[192] Na obra *Em Busca da Sabedoria*, de Sri Ram, encontramos este trecho: “O caminho em direção ao ideal humano é como uma brisa suave com que me delicio, mas se o sol está intenso eu sofro com o sol, embora nenhum deles me tire do caminho”.

Em determinado momento da vida, criamos tantas necessidades artificiais que acabamos trocando o nosso sentido de vida por elas. Na filosofia, o prazer não é pecado, mas ser escravo das necessidades artificiais é.

Que elas venham e vão, pois eu continuarei o meu percurso. O vento tem um curso que lhe é natural e nós também.

[193] O Tao seduz o desejo de conformidade e de dignidade, fluindo através da vida, como é próprio da consciência humana.

[194] O Tao é algo que não tem fim. É imperceptível aos sentidos físicos e perceptível aos da alma. Vamos imaginar que temos à nossa frente um sábio. Ele estaria praticando movimentos de karatê? Provavelmente estaria fazendo o seu chá, tranquilamente. Se fosse necessário que dissesse alguma palavra sábia, ele o

faria, caso contrário não diria nada. Quando permanece quieto, o sábio não parece um sábio, porque não procura exibir-se. Ele simplesmente segue o seu Dharma.

Estar em consonância com a vida, em todos os momentos, ainda que de maneira modesta, preenche-nos.

[195] Platão dizia que, quando olhamos para uma coisa realmente bela, não sentimos desejo. Quando nos comovemos com o pôr do sol não pensamos em comprá-lo.

XXXVI

Se queres comprimir algo, deves primeiro deixar que se expanda perfeitamente.

Aquilo que queres enfraquecer, deves primeiro deixar que se fortaleça ao máximo.

O que queres destruir, deves deixar que primeiro desabroche completamente.

Àquele de quem queres tirar alguma coisa, deves primeiro dar o bastante.

A isso chamamos "conhecer bem o invisível".

A flexibilidade triunfa sobre a rigidez.

A fragilidade triunfa sobre a força. [196]

Não se deve pescar o peixe das profundezas.

Não se deve revelar ao povo quais os meios pelos quais o reino atua. [197]

[196] O ideal seria que a humanidade evoluísse mais pela reflexão do que pela experiência, embora não seja isso o que geralmente acontece. Vamos imaginar uma mãe que quer proteger um filho, numa relação de namoro que ela considera não ser conveniente, pois acredita haver uma falta de caráter na outra pessoa. Se ela proibisse, haveria uma reação contrária por parte do filho. Se ela deixasse que escolhesse, ele iria aprender por si próprio, por meio da experiência, ainda que se magoasse.

[197] Não adianta dizer ao ser humano para não fazer as coisas de determinada maneira, pois ele o fará, por orgulho. Deixemos a lei natural agir, mas fiquemos preparados para ajudar assim que chegue o momento. Temos de aprender a esperar.

XXXVII

O Tao é um eterno não fazer e, apesar disso, nenhuma coisa fica sem ser feita.

Se os príncipes e os reis souberem como proteger o Tao, todas as coisas se realizarão por si mesmas. [198]

Se as situações ocorrerem naturalmente, gerando a cobiça, eu distancio-me delas, pois são tão irrelevantes que nem consigo nomeá-las. [199]

Essa irrelevância, que nem consigo nomear, propicia a ausência de desejos; a ausência de desejos gera a serenidade e, desse modo, o mundo melhora por si mesmo. [200] [201]

[198] Se os príncipes souberem como proteger o Tao, toda a sociedade os tomará como arquétipo (ou pelo menos aqueles que estiverem preparados para isso). O melhor que podemos fazer para que um passarinho voe é dar-lhe uma base de apoio, assim como o melhor que podemos fazer pela humanidade é sermos melhores.

É por isso que é uma inverdade dizer que filosofia é apenas teoria.

[199] Se, ao olharem para mim, as pessoas começarem a sentir cobiça, elas não irão encontrar reflexo, porque eu não a cultivo.

[200] Mais cedo ou mais tarde, as pessoas vão viver as polaridades que têm de viver e, quando quiserem uma base para se elevar, eu procurarei ser essa base de exemplo, firme. Isso é tudo o que poderei fazer.

[201] Numa passagem de *Mito do Rei Artur*, ele diz à sua amada Genevieve: "Nós iremos reencontrar-nos quando não devermos mais nada à história".

É que ele tem um dever para com a humanidade muito superior à sua paixão pela amada.

Tratado da Virtude

(Aforismos XXXVIIIa a LXXXI)

XXXVIIIa

Quem aprecia intensamente a vida nada conhece da vida; por essa razão tem vida. [202] [203]

Quem não valoriza a vida procura não perdê-la; por essa razão não tem vida. [204] [205]

Quem preza a vida não opera nem faz planos. [206] [207]

Quem não valoriza a vida opera e faz planos. [208]

Quem preza o amor opera, mesmo que nada vislumbre. [209]

Quem preza a justiça opera e faz planos. [210]

Quem preza a moralidade opera e, quando não sente oposição, provoca-a, mas com atitudes elevadas. [211] [212]

[202] Uma vida em prol da essência humana e do bem é própria de quem pensa no bem de todos, contribuindo desse modo para que os seres cresçam. Quem tem essa vida nada sabe das banalidades da vida, das modas, do que falam a seu respeito, pois não tem tempo para isso ou nem quer perdê-lo com isso.

[203] Dar atenção por mais de dois minutos a uma pessoa significa ter um pouco de interesse no assunto. Quando realmente não estamos interessados, não há *feedback*.

Quando a energia da natureza não encontra ressonância, ela se perde, e não há impulso para lhe dar continuidade.

[204] Uma coisa é tratarmos do corpo de maneira justa, outra coisa é viver em função dele. Quem menospreza a vida espiritual procura, pelo menos não perder tudo o que a vida material lhe traz.

[205] Elevar-se até o nível espiritual não resulta de um golpe de sorte.

A palavra "acaso" provém do latim e significa "a queda dos dados". "Acaso" é um movimento para baixo e não para cima. Ninguém sobe por acaso.

[206] H. P. Blavatsky falava da "eternidade dinâmica". Ela disse: "Deve haver outros mundos, formas de vida e talvez até outros sábios, em outros lugares, que ensinam esses seres. Eu não conheço a sua forma, nem a sua língua, nem o que dizem, mas a mensagem que transmitem eu sei. Em qualquer lugar do cosmos, deve haver vozes que chamam todos os seres à Unidade".

[207] O único objetivo da personalidade é o de um dia deixar de ser, e não há como fazer projetos para algo cujo destino é deixar de existir.

[208] Esses planos não são maus, mas são insuficientes.

[209] Um sacerdote de uma religião conta que um jovem amava comer um prato de peixe. Certo dia, o instruiu: "Desfruta, mas escuta-me: Não podes amar comer peixe. A palavra amor não deve ser utilizada nessa circunstância, porque se amasses o peixe irias querer o bem dele, de modo que não o comerias".

[210] A justiça é parente da ordem. Platão dizia que a justiça dá a cada um o que lhe pertence, e isso significa que se deve colocar cada coisa no seu lugar, para que a uUnidade seja construída, como um quebra-cabeça.

[211] A moralidade está geralmente associada à coerção, o que leva as pessoas a agirem por obrigação. O texto mostra-nos como isso não é correto.

[211] Ler *Memórias Póstumas de Brás Cubas*, de Machado de Assis.

XXXVIIIb

Por isso, se o Tao se perdeu, também a vida está perdida. [212]

Se a vida está perdida, também o amor está perdido. [213]

Se o amor está perdido, também a justiça está perdida.

Se a justiça está perdida, também a moralidade está perdida.

A moralidade é a falta de fidelidade, a pobreza de fé e o começo da perturbação. [214] [215]

A pré-ciência é apenas a aparência do Tao e o início da loucura. [216]

Por isso, o homem correto apoia-se no real e não nas aparências. [217]

Ele habita no Ser e afasta-se da ficção.

Rejeita a ficção e entrega-se ao Ser.

[212] Considera-se perdida uma vida em que o vazio (a lei do universo), também está perdido. A falta de finalidade espiritual a torna sem sentido e coloca-nos apenas como seres a sobreviver.

Uma passagem de Willian Wallace diz: "Todos os homens morrem, mas nem todos os homens vivem".

[213] Na concepção taoista, amar é ajudar os seres a caminharem em direção ao Uno, ao bem que lhes é próprio, mas sem manipulá-los por interesse.

[214] Fidelidade vem da mesma raiz de "fé" e expressa uma confiança profunda, como a que se tem no universo. Ela refere-se a sermos fiéis, não por fatores externos, mas por nós mesmos, e dá origem à verdadeira moralidade.

[215] A perturbação começa, sem sabermos, quando algo é realizado apenas pelas aparências, e não por fé e amor.

[216] Para a tradição taoista, a loucura está muito próxima da ignorância completa, pois, antigamente, sem termos a ciência, criávamos um conceito ou uma convenção e limitávamo-nos a isso, atribuindo a essas convenções relativas aos seres humanos e aos seus comportamentos um caráter absoluto.

Um exemplo disso é rotular alguém de mau por um fato completamente isolado. Agir dessa maneira nos priva de conhecer o que essa pessoa realmente é.

"Na vida, em tudo deveríamos ir além dos rótulos."

[217] Essa frase define a natureza do filósofo, que questiona se alguém ou algo é realmente como todos dizem e rotulam.

Ele tem essa necessidade de buscar as mais verdadeiras e sólidas pequenas coisas, pois não tem preguiça de pensar e não se acomoda às aparências. Numa passagem do livro *Em Busca da Sabedoria*, de Sri Ram, este diz que, se há um conceito que foi vivido e experienciado, gerando alguma convicção, então ganhou-se uma "barca".

Portanto, quando perdemos a nossa barca (o nosso corpo físico), a nossa consciência não naufraga porque tem essa barca para viajar.

XXXIXa

Outrora, a Unidade foi alcançada: o Céu alcançou a Unidade e ficou limpo. [218] [219] [220]

A Terra alcançou a Unidade e ficou sólida. [221]

Os Deuses alcançaram a Unidade e ficaram poderosos. [222]

O Vale alcançou a Unidade e ficou preenchido. [223]

Todas as coisas alcançaram a Unidade e nasceram. [224]

Reis e príncipes alcançaram a Unidade e transformaram-se em modelo para o mundo. [225]

Tudo isso resulta da Unidade.

[218] No livro *A Luz da Ásia*[4], de Edwin Arnold, encontramos a seguinte passagem: "Aquilo que verdadeiramente É e deixará frutos no futuro tem as suas sementes no passado". Nada frutifica no presente sem sementes no passado. Ou seja, para que um dia cheguemos a ser espirituais, temos de semear agora, e, se algum ser humano já colheu a superação do egoísmo, isso significa que todos nós temos essa potencialidade.

[219] A identidade das coisas estabelece-se na Unidade. Imagine se tivesse apenas metade de uma cadeira. Chamar-lhe-ia de cadeira? Não. Só poderíamos chamar-lhe assim se tivesse quatro pernas, porque a unidade é a raiz da multiplicidade.

[220] Céu e Terra são espírito e matéria. Então, se o céu atinge um certo grau de pureza e limpidez é por já ter alcançado a unidade das virtudes, purificando-se de qualquer polaridade e imperfeição. A única virtude que existe é o bem, e tudo o mais é apenas um desdobramento dele, em determinadas circunstâncias, pois não existe uma real divisão.

Uma pessoa que atingiu o bem num nível espiritual, quando precisa de amor é naturalmente amorosa; noutro momento em que precisa de harmonia, também é harmoniosa.

Não se pode conceber que alguém que possui uma dessas virtudes deixe de ser bom num outro contexto pois, na realidade, há apenas uma virtude.

---

[4] São Paulo: Pensamento, 1978 (fora de catálogo).

[221] Nesse texto, a Terra representa o mundo material. Para nós, humanos, este está associado à nossa personalidade. Então, o que deve ser entendido com "a terra ficou sólida"? Significa que quando não conseguimos harmonizar todos os nossos veículos numa única direção, a mente vai para um lado, o corpo para outro, as emoções para um distinto e a energia para outro. Ou seja, não há comando e também não há solidez.

[222] Poder é a capacidade que o ser humano tem de obedecer às leis do universo. Os deuses assim o são, porque lhes obedecem. Torna-se divino, aquele que obedece e não aquele que infringe. Portanto, uma pessoa instintiva, passional, que não domina a si própria, não é poderosa, mas débil. Quem não tem poder sobre si, também não o exerce sobre os outros.

[223] Há harmonia tanto entre o vazio e o cheio, quanto entre a montanha e o horizonte. Quando ela está presente, tudo está completo e equilibrado, porque no vale não falta nada.

[224] A coerência conosco nos faz nascer.

[225] Esses são os modelos de poder que podemos ter sobre nós mesmos, mas não sobre os demais.

XXXIXb

Se o Céu não fosse límpido ele explodiria. [226] [227]

Se a Terra não fosse sólida ela oscilaria.

Se os deuses não fossem poderosos eles tornar-se-iam severos. [228]

Se o vale não se enchesse ele se esgotaria.

Se as coisas não tivessem nascido seriam extintas. [229]

Se reis e príncipes não se tivessem enobrecido eles seriam destronados. [230]

Por isso, o nobre tem como raiz o inferior, como o alto tem o baixo como fundamento.

Por isso, também os príncipes e reis se dizem "solitários", "órfãos", "destituídos de mérito".

Isso significa que eles consideram que a sua raiz está entre os humildes; não é assim?

[226] Platão disse: "O bem é aquilo que une". Se uma coisa é boa é porque tem algum grau de unidade. Se assim não fosse, haveria uma força de repulsão tão grande que a faria explodir. Para que algo se manifeste é preciso haver alguma força harmoniosa, pois, sem ela, explode.

[227] Tudo o que é manifestado tem raiz no bem, pois, caso não tivesse, ao manifestar-se, explodiria.

[228] A falta de poder torna as pessoas rígidas e débeis, como os grandes tiranos. Quem não controla a si mesmo cria uma máscara para ter poder sobre os outros.

[229] Se a unidade das coisas não tivesse sido alcançada, muitos dos seus elementos ter-se-iam dissipado.

[230] Isso quer dizer que, se cada um não tivesse ocupado o lugar que lhe pertence, outra pessoa o teria feito.

XXXIXc

Efetivamente, sem os vários componentes do carro não existe carro. [231] [232]

Não ambiciones para ti o radioso brilho da joia, mas a rudeza bruta da pedra. [233]

[231] Essa analogia expressa que um carro somente é um carro na presença de todos os seus componentes, assim como o ser humano somente é humano com todos os seus elementos: uma espiritualidade que lhe dá o objetivo e um corpo físico que o leva até lá, em harmonia.

[232] Eneias era um príncipe troiano muito virtuoso que queria fundar uma cidade tão grandiosa quanto Troia, mas não sabia onde. O seu pai, Anquises, era muito sábio e conhecia um lugar, mas como já era muito idoso não conseguiria mostrá-lo. Então, Eneias, colocou-o nas suas costas e o levou. Mais tarde, esse lugar seria conhecido como Roma.

Esse trecho mostra-nos como devemos conciliar os olhos do espírito, personificados por Anquises, e as pernas da matéria, simbolizadas por Eneias, para construirmos a Roma da nossa vida.

É sempre essa a essência do Taoismo: chegar à Unidade e vencer o egoísmo.

[233] Não devemos atribuir a nós mesmos um brilho que se convencionou considerar mais valioso em comparação com o de outra pessoa.

O valor de algo se encontra na sua legitimidade, desde que este cumpra o seu papel no mundo. Se o mundo nos fez pedra é porque ele necessita de pedra, do mesmo modo e na proporção que precisa da esmeralda. Cada coisa precisa estar no seu devido lugar, fazendo o que lhe compete. Não devemos apoderar-nos de identidades apenas por valorização social.

XL

O movimento do Tao é o retorno. [234]

O efeito do Tao é a fragilidade.

Todas as coisas que estão sob o Céu nascem do ser. [235]

O ser nasce do não ser. [236]

[234] O eterno retorno é o movimento circular das coisas manifestadas. Todas as coisas nasceram daquele centro oculto e misterioso que gira em torno de um outro centro, e o buscam, pois ele é o sentido que as trouxe ao mundo.

[235] O que é o simbolismo do centro?

Quando dominamos todos os pontos da experiência humana, criamos a circunferência e perguntamo-nos: Onde ela nasceu? A resposta está no local onde a desenhamos pela primeira vez: no seu centro. Embora ele seja invisível aos olhos, é ele que dá origem ao nascimento de toda a circunferência. É por isso que, ao dominarmos e vencermos a nós mesmos, compreendemos melhor a natureza humana. Então perguntamos: "O que é o homem?" e achamos o centro.

[236] Não existe nada no centro da circunferência. Embora saibamos que há ali um ponto, ela está vazia, pois a essência, de onde tudo nasceu, é invisível aos olhos.

XLIa

Se um sábio do mais elevado nível ouve falar do Tao, ele empenha-se, verdadeiramente, e segue-o com entusiasmo.

Se um sábio mediano ouve falar do Tao, em certo momento ele acredita, mas no outro, duvida. [237] [238]

Se um sábio inferior ouve falar do Tao, ele ri às gargalhadas. [239]

Se ele não ri alto é porque não era ainda o verdadeiro Tao. [240]

[237] Quando ouvimos falar do Tao pela primeira vez, tendemos a pensar que ele é fácil. No entanto, no momento em que começamos a caminhar, percebemos o quão difícil ele é.

[238] O filósofo é aquele que faz perguntas, acredita e vislumbra, mas ainda duvida. Ele antevê o caminho antes de começar a caminhada.

[239] Sócrates dizia que, se uma pessoa diz que sabe, há duas possibilidades: ou ela sabe mesmo e é sábia, ou nada sabe e é ignorante. Em ambos os casos, não se trata de um filósofo, porque este sabe que não sabe, mas tenta aprender um pouco.

[240] É dito que, se o sábio inferior não ri muito, é por não ter visto ainda o verdadeiro Tao.

XLIb

Eis por que um autor de aforismos diz:

"O luminoso Tao parece obscuro.

O Tao do progresso parece retrógrado.

O Tao plano parece irregular.

A vida superior parece-se com um vale.

A pureza sublime parece ser vergonhosa. [241] [242]

A vida abundante parece insuficiente.

A vida intensa parece oculta.

A essência verdadeira parece indefinida. [243]

O grande quadrado não possui ângulos.

O grande instrumento demora a ser construído.

A grande melodia é imperceptível.

A grande imagem não tem forma. [244] [245] [246]

Oculto, o Tao não pode ser nomeado.

No entanto, é precisamente o Tao que é magnânimo para dar e para construir". [247] [248]

[241] Para quem tem expectativas materiais, o que é verdadeiramente grandioso parece pequeno e insignificante, pois o que é simples e parte da natureza é desvalorizado.

O sábio não tem poderes sobrenaturais, mas tem poderes humanos que não exibe. Se não houver necessidade, ele não mostrará as suas virtudes.

[242] Uma pessoa pequena e simples, porque é pura não é ingênua, pois a ingenuidade não é virtude. Ela discerne: convive com toda a poluição do mundo e não se deixa contaminar.

É como o lótus branco que se eleva à superfície, mostrando a sua pureza branca, mesmo no meio de uma água parada e suja.

[243] Tudo o que é muito grande parece ser muito pequeno, pois não conseguimos ver os limites. Temos o hábito de limitar: o que está dentro é meu e o que está fora é do outro. Na nossa concepção humana, evoluir consiste em ampliar esses limites, para que mais coisas estejam dentro do terreno que consideramos como nosso. No entanto, para a tradição taoista, a grandeza consiste na diluição deles, porque queremos fundir-nos com o Tao em vez de possuí-lo.

[244] O quadrado representa os veículos humanos, em todas as tradições. Aquilo a que chamamos personalidade, palavra que vem do latim *persona*, e que significa "máscara", é constituída por quatro elementos: corpo físico, corpo energético, corpo emocional e corpo mental.

Quando essa personalidade é realmente grandiosa, é como se esse quadrado se expandisse tanto que não conseguimos ver os seus limites.

Um sábio nunca quer mostrar-se aos outros. Ele é sutil em tudo o que faz.

Por isso se dizia que a única coisa conhecida dos sábios de antigamente era que tinham existido, mas não quem eram.

[245] "Todas as virtudes, em sua plenitude, nada fazem para se destacar." (Wilhelm)

[246] A Bíblia diz: "Não saiba a tua mão esquerda o que faz a tua direita".

[247] De onde vem o universo, o tempo, o espaço, a vida? Deve ter vindo de algum lugar. Talvez de uma fonte oculta que, em nenhum momento, fez algo para se destacar.

No *Bhagavad Gita* encontramos esta frase: "Eu não me movo, mas tudo o que se move, move-se por meio intermédio".

Quando nos movemos, na realidade não nos movemos, pois não há movimento nem tempo para o Tao. Movimento é ilusão, é o divino que se desloca através de nós.

[248] Na Bíblia, Jesus diz: "Meu Pai trabalha até agora e eu trabalho também", o que quer dizer: eu trabalho porque o Pai trabalha por meu intermédio.

XLII

O Tao gera o um. O um gera o dois. O dois gera o três.

O três gera todas as coisas. [249] [250]

Por trás de todas as coisas há escuridão, e elas inclinam-se para a luz. É o fluxo das forças que lhes confere a harmonia. [251] [252]

Os homens abominam o abandono, a solidão, a nulidade.

Apesar disso, príncipes e reis designam a si mesmos usando esses termos. [253] [254]

Porque as coisas ou são engrandecidas pela diminuição, ou são diminuídas pelo engrandecimento. [255]

Eu também instruo, como outros o fazem: "Os fortes não morrem de morte natural". [256]

É daqui que quero fazer o ponto de partida do meu ensinamento. [257]

[249] Numa ocasião em que Parmênides discute com os seus discípulos, um deles pergunta: “Como podes dizer que a morte não existe? A morte é um fato! Acabou de morrer ali uma pessoa. Vê!”. Parménides responde: “Não existe a morte, porque tudo aquilo que vive é constituído de espírito, matéria e forma. Por definição, o Espírito não morre; a matéria também não morre, mas transforma-se, e a forma não se perde porque volta para o mundo das ideias”.

[250] O Tao é o zero, o eterno vazio; o um é o Demiurgo, o arquiteto do universo e Grande Mãe, espírito e matéria juntos; o dois é a dualidade primordial, o Espírito e matéria independentes; o três é o criador de todas as coisas: Espírito, matéria e forma.

[251] Para o Taoismo, escuridão e luz são símbolos de ignorância e de conhecimento, e a única coisa que se move é a nossa consciência, através do desconhecido que é a escuridão. Tudo o mais é ilusão.

É como numa cena de teatro em que apagamos as luzes e deixamos acesa apenas uma lâmpada (e essa luz é a consciência). Em determinado momento, a luz foca numa personagem, e noutro se amplia e encontra outra personagem. Será que ambas as personagens já não estavam lá antes?

[252] A luz é a sabedoria. Não há como escapar à filosofia que, por definição, é o amor à sabedoria. Podemos encontrá-la com outro nome, mas escapar do amor à sabedoria, não. O objetivo do ser humano é sair da ignorância e ir em busca dela e, queiramos ou não, sempre caminharemos para as coisas que amamos.

Se amamos a sabedoria, havemos de encontrá-la. Podemos tentar desviar-nos do caminho, mas um dia chegaremos lá. Esse é o destino dos seres humanos.

[253] Numa pesquisa com uma turma de uma escola nos EUA, foi perguntado aos alunos: "O que você prefere: ganhar 5.000 dólares, sendo que os seus colegas vão ganhar 10.000, ou prefere ganhar só 3.000 dólares, sendo que os seus amigos vão ganhar 2.000?". Os alunos preferiram ganhar os 3.000 dólares.

Para a maior parte das pessoas, ficar em último lugar é mau, porque estão permanentemente em competição.

[254] Quando nascemos, recebemos um nome, que fica gravado na nossa consciência e, por isso, quando fazemos alguma coisa, dizemos: fui eu (Pedro, Carlos, etc.) quem fez. Para a nossa personalidade, o inferno é o anonimato porque, se ninguém nos conhece, não podemos brilhar mais do que os outros.

[255] O exagero diminui e a humildade amplia. Se acharmos uma pessoa muito bonita e lhe dizemos isso com o objetivo de observar a sua reação, será que a acharemos mais ou menos bonita depois de ela reagir?

Na Bíblia, numa passagem do seu Evangelho, Lucas cita as seguintes palavras de Jesus: "Pois todo o que se exalta será humilhado e todo o que se humilha será exaltado".

[256] Força não é sinônimo de vontade nem de poder. Para o Taoismo, força é impulsionar a natureza; é empurrar o pêndulo.

Se eu forço e rompo as leis naturais, gero um carma negativo e, tal como o pêndulo demonstra, esse carma voltará para mim. Se a minha vida não for natural, tampouco o será a minha morte.

[257] Se entendermos isso, todo o resto fica mais fácil de compreender.

XLIII

A coisa mais flexível, na Terra domina a mais resistente. [258] [258]

Aquilo que não existe consegue introduzir-se, mesmo onde não há brechas. [259]

Por aqui se confirma o valor da não ação.

São raros os que logram consegui-lo na Terra. [260]

[258] A ação que não é marcada por desejos é a reta-ação.

No *Ramayana* é dito: "Nunca o oceano me disse ter conhecido uma ervinha, sabes por quê? Quando a tempestade vem, a ervinha curva-se e por isso não é arrastada. Já as plantas fortes são arrancadas pelo vento que as entrega ao rio e este as leva até o oceano".

[259] Penetrar como a água significa abrir espaço, tentando não ser violento, porque temos um recado a dar ao mundo; entender as leis, ao longo do caminho, é seguir lado a lado com elas, tentando entrar pelo ponto de menor resistência.

Pitágoras dizia que, para que um ponto possa penetrar no universo espacial, ele tem de ter pelo menos três pontos de apoio, que são a vontade, o amor e a inteligência, os quais, em conjunto, formam um triângulo.

[260] No *Mahabharata,* encontramos esta pequena história:

O céu e a terra encheram-se de um estrondoso ruído quando o Deus Indra chegou para receber o Rei, no Paraíso. Porém, Yudisthira disse:

"Sem os meus irmãos e a minha querida esposa, Drapaudi, não desejo entrar no Céu, ó Senhor de todas as divindades".

"Não temas", respondeu Indra. "Irás encontrá-los a todos, no Céu. Eles chegaram antes e estão aqui!"

"Este cão acompanhou-me por todo o caminho até aqui. É-me devotado. Pela sua fidelidade, também não posso entrar sem ele! E, além disso, o meu coração tem-lhe muito amor."

"Só tu podes ter a imortalidade", disse Indra, "assim como a riqueza e o sucesso e todo o júbilo do Céu. Conquistaste isso empreendendo a árdua jornada. Livra-te do cão. Não é nenhum pecado!"

"Mas para onde irá ele? E quem o acompanhará? Ele desistiu de todos os prazeres da terra para ser meu companheiro. Não posso abandoná-lo agora."

"Precisas estar puro para entrar no Paraíso. Um simples toque num cão eliminará todos os méritos da oração. Reconsidera o que estás querendo fazer. Deixa que o cão se vá."

"Ó Deus de Mil Olhos, é difícil para uma pessoa que sempre tentou ser justa fazer algo que considere injusto. Não desejo a imortalidade se, para tanto, é preciso livrar-me de alguém que me é devotado."

"Deixaste para trás quatro irmãos e a mulher. Por que não podes deixar também o cão?"

"Abandonei-os apenas porque já tinham morrido e eu não poderia ajudá-los, trazendo-os de volta à vida. Enquanto estavam vivos não os abandonei."

"Estás então disposto a abandonar o Céu por causa desse cão?"

"Grande Deus de todos os Deuses, sempre mantive a minha promessa: nunca abandonar quem tivesse medo e viesse à minha procura; quem estivesse aflito e desvalido, ou quem estivesse fraco demais para se proteger sozinho e desejasse ainda viver. Acrescento agora um quarto elemento. Prometo não abandonar quem me for devotado. E não vou abandonar o meu amigo."

"És um bom homem, Rei Yudisthira. Demonstraste fidelidade aos fiéis e compaixão por todas as criaturas. Serás honrado no Céu, ó Rei Yudisthira, pois não há um ato que seja mais elevado e mais abundantemente recompensado do que a compaixão para com os humildes."

XLIV

Entre a reputação e a pessoa: o que nos atrai mais?

Entre a pessoa e a fortuna: o que é mais valioso?

Ganhar ou perder: o que será pior? [261] [262] [263]

No entanto, quem se apega a muitas coisas, inevitavelmente perde as grandes coisas.

Quem junta muitas coisas priva-se, por esse motivo, das coisas importantes. [264]

Quem é autônomo não passa vergonha. [265] [266] [267]

Quem consegue estabelecer limites não fica em perigo e dura eternamente. [268] [269]

[261] A pior coisa que pode acontecer a quem nutre o egoísmo e a vaidade é vencer, porque, por vezes, isso atesta os nossos defeitos. Quando perdemos, não pensamos que aquilo nos parece uma vitória; na verdade, é uma derrota, porque nos levou a ir numa direção que não deveríamos ter seguido.

[262] Uma passagem da tradição indiana diz: "Cuidado com as tuas orações! Cuidado com o que pedes! Se pedires com muito fervor, sabes o que te pode acontecer de terrível? É seres atendido". Nós não sabemos o que pedir e, talvez, o mais prudente fosse desejar o que é melhor para nós, como seres humanos.

[263] Quando os incas estavam em guerra, diziam: "Que saia vitorioso da batalha aquele que estiver a favor da justiça e não eu!".

[264] O sistema humano é um sistema limitado de energia. Por causa disso, não paramos para questionar: Até agora, o que eu fiz de humano? Qual foi a minha legítima motivação? Qual foi a motivação que me levou a não mostrar à minha mão esquerda o quanto a mão direita é grande? Provavelmente quase nenhuma motivação.

Então, devemos contemplar e destacar aquilo que tem valor. Procurar soluções para o que está complicado, pois tendemos a abrir mão das grandes coisas pelas pequenas.

[265] Ser autossuficiente quer dizer depender menos das circunstâncias e mais de si mesmo. É pensar: "Eu fui fiel a mim mesmo? Não tive fama, ninguém me reconheceu, mas estou em paz, porque durmo o sono dos justos".

[266] Uma passagem de Confúcio diz:

"Mestre, há um homem de que todos gostam, neste povoado. O que diria dele?" "Não diria nada." "E de um homem que todos detestam, o que diria?". "Não diria nada!. Só poderia estabelecer uma opinião sobre as pessoas se as classificasse como boas ou más. Quando não julgo, estou em paz."

[267] H. P. Blavatsky disse: "Quem faz o seu melhor faz tudo o que se pode esperar dele".

[268] Há limites para os desejos: tudo o que é supérfluo é vicioso.

[269] No mito egípcio da pesagem do coração do defunto, é colocado num prato da balança o coração do morto, e no outro prato a pluma de Maat, deusa que representa a justiça. Se o coração do morto pesar mais do que uma pluma, este retorna ao mundo, caso contrário ele vai para a terra de Amon.

Como ter um coração que pese menos que uma pluma? Amando a justiça e a fraternidade que não têm peso, ao contrário das coisas materiais que têm.

Esse mito ilustra como o nosso coração aponta para onde vamos. Por que voltamos para o mundo? Porque tudo o que amamos está aqui! Como poderíamos ir para a terra das coisas espirituais se não amamos nenhuma delas?

XLV

Uma grande realização parecerá insuficiente em si mesma; contudo, o seu resultado será incalculável.

Uma grande abundância será como uma torrente; no entanto, o seu efeito não terá limites. [270]

A integridade deve parecer sinuosa.

Um grande talento deve parecer uma inabilidade.

A grande eloquência parece ser balbuciante. [271]

O movimento suprime o frio.

A quietude vence o calor.

Pureza e serenidade são o padrão de medida do mundo. [272]

[270] A mente sempre cria um limite. Por isso não é capaz de conceber que uma pessoa seja muito sábia, mas consegue reconhecer que seja muito rica. Quando não vemos os limites daquilo que é grande, julgamo-lo pequeno. Quando não encontramos limites, julgamos que esse algo não existe.

[271] "A pessoa não é assim tão competente em oratória, pois ninguém chorou nem se emocionou..." Mas houve quem se sentisse tocado ao pensar sobre si mesmo. Isso sim, deve ser considerado grandioso.

Que critério nós temos para julgar, a menos que tenhamos sido tocados também?

[272] Todas as vezes que ignoramos, usamos rótulos, dando assim a nossa sentença, a nossa opinião.

Não rotulamos o que um sábio faz, porém ele é regido pela lei da necessidade. Apesar de nunca ser duro com ninguém, se isso for necessário para trazer alguém à luz, ele o será.

XLVI

Quando o Tao governa sobre a Terra, utilizamos cavalos de corrida para arrastar estrume.

Quando o Tao é esquecido na Terra, criamos cavalos de guerra nos pastos verdejantes.

Não há maior pecado do que ter inúmeros desejos.

Não há maior fatalidade do que ser insaciável.

Não há maior flagelo do que o desejo de posse. [273]

Por esse motivo, a suficiência da suficiência é a suficiência que perdura. [274]

[273] Imaginemos que uma peça de um quebra-cabeça resolve aumentar a sua forma de tal modo que não se encaixa mais. Para que consiga se encaixar no jogo, vai ter de empurrar as vizinhas a fim de criar espaço para ocupar o seu lugar. Quando algo excede a sua própria natureza, começa a ser violento.

[274] Aquele que dá espaço aos desejos exagerados começa a ser violento com a natureza, tanto com a sua própria quanto com a das coisas com as quais lida. O que se tem é suficiente! Não é necessário ter mais nem querer mais.

Fazer isso seria agir como o cavalo que deixa de fazer a sua tarefa de arrastar estrume para ir à guerra ferir outros cavalos, os homens e a vida. Por que fazer isso? Por que agir desse modo? Ou porque desejamos demais ou porque tivemos de agir para nos defender.

XLVII

Mesmo sem sair de casa, conhece-se o mundo.

Mesmo sem olhar pela janela, vislumbra-se o Tao do Céu. [275] [276]

Quanto mais se caminha para longe, menos se conhece. [277]

Por esse motivo, o sábio não necessita viajar, todavia conhece tudo.

Não necessita ver, todavia conhece tudo.

Não necessita agir para realizar coisas. [278]

[275] O que mais se vê pelo mundo afora são pessoas ocupadas com a sua própria sobrevivência, embora não se note nelas grande mudança interior. Por isso, o sábio não viaja, porque conhece praticamente tudo o que pode esperar da humanidade.

[276] Em *A República*, Sócrates diz que a inteligência está em saber olhar para cima. Glauco diz: "Sim, é olhar para as estrelas, não é Sócrates?". Ele responde: "Olhar para as estrelas com os olhos físicos é o mesmo que apreciar a decoração do teto". Sócrates queria dizer que devemos olhar para cima com os olhos da inteligência; olhar para o plano das ideias que deram origem a tudo o que existe.

É assim que o sábio conhece o mundo, usando os olhos da inteligência.

[277] Longe de si próprio, o homem tem tendência a se expandir, mas não a se aprofundar. Vamos para todos os lugares do mundo, mas nunca para dentro de nós mesmos. Depois de vermos a essência das coisas, mais facilmente entenderemos as formas.

[278] Não é necessário fazermos juízos de valor. Cada um de nós deve praticar aquilo que é o seu dever, aquilo que é o seu Dharma.

A natureza não necessita que façamos mais coisas, pois ela já as fez. Não necessita que desenvolvamos veículos voadores, porque já há seres que voam. Necessita apenas que construamos seres humanos, começando por nós mesmos.

Pela lei do livre-arbítrio, a natureza não nos pode fazer seres humanos, por nós, pois essa escolha é nossa.

XLVIII

Quem se dedica ao estudo aprende mais, dia após dia.

Quem se consagra ao Tao diminui, dia após dia. [279] [280]

Vai diminuindo sempre, até alcançar a não ação.

Na não ação nada fica por fazer.

Só é possível alcançar o reino se estivermos sempre libertos da ação.

Aqueles que estão sempre ocupados não têm possibilidade de alcançar o reino. [281]

[279] Quanto mais intelectual alguém é, mais vaidoso se torna, da mesma maneira que o sábio, quanto mais sabedoria tem, mais humilde se torna. Ele sabe que faz parte do todo e é apenas uma gota de água no oceano. A consciência de saber que é grande torna-se humildade, por reconhecer-se pequeno.

Sócrates dizia: "Só sei que nada sei". Quem sabe o seu verdadeiro tamanho percebe a sua pequenez. Quem ainda não o percebeu, precisa caminhar muito para tornar-se pequeno.

[280] Nós somos, simultaneamente, pequenos e grandes! Somos pequenos porque, em comparação com a natureza, assim o parecemos; somos grandes porque o que nos dá a verdadeira grandeza é a nossa dignidade, como seres humanos. Isso é nosso e é incorruptível.

[281] Não fazer aquilo que se deve como seres humanos é o mesmo que não fazer nada. Por isso, aqueles que sempre dizem não ter tempo, provavelmente notarão, daqui a dez anos, que o que realizaram não teve nenhum significado. Para vencer essa possibilidade, precisamos deixar de brincar com a vida e vivê-la a sério.

XLIX

O sábio não dispõe de coração próprio; ele torna seu o coração de todas as pessoas. [282] [283] [284]

"Para os que são bons, sou bom; para aqueles que não são bons, sou igualmente bom, pois a vida é bondade."

"Para os que são leais, sou leal; também sou leal para os que não o são, porque a vida é lealdade." [285] [286] [287]

O sábio vive no mundo com tranquilidade, e abre totalmente o seu coração para o mundo.

Todos olham para ele com respeito e o escutam; e o sábio recebe a todos como seus filhos. [288] [289]

[282] No nosso tempo, é habitual haver pessoas imbuídas das melhores intenções que dizem coisas como "Devemos dar importância aos amigos e à família, pois é com eles que iremos contar na hora das dificuldades". Mesmo que isso seja verdadeiro, devemos discernir se, por detrás dessa intenção, estamos pensando nos outros ou em nós mesmos. A tendência é pensar mais em receber do que em dar de coração.

[283] Há um caminho para o ser humano aprender a ver cada ser como algo significativo e profundo. Ele é apontado nesta frase, que afirma: "Deves perder o teu coração todos os dias, e depois sair às ruas à procura dele. Descobrirás, assim, que o teu coração é o coração de todas as coisas".

[284] Uma passagem sufi diz: "Senhor, meu Deus, se eu te busco por medo do teu inferno, queima-me no teu inferno. Se eu te busco pelo teu Céu, dá-me o teu inferno, mas se te busco pelo que és, recebe-me no seio da tua glória".

Platão costumava dizer que o que mais ofende os deuses não é a falta de fé, mas acreditar e achar que se pode comprá-los.

[285] O sábio não se corrompe, pois sabe quem é. O máximo que o outro consegue fazer é participar disso, ou não. Não podemos depender de onde sopra o vento. Se o outro reconhecerá isso ou não, é uma incógnita, mas sabemos que ele jamais irá corromper o sábio.

[286] Uma história zen a respeito do escorpião, diz:

Um monge salvou o escorpião que estava se afogando.

Passado um bocado, o escorpião voltou a afogar-se. O monge tornou a salvar o escorpião e este voltou a afogar-se. Todas as vezes que o monge salvou o escorpião, este picou-o. Outro monge que assistia à cena disse: "Estás a fazer isso tudo, apesar de o escorpião te picar repetidamente. Que sentido tem isso?". O monge respondeu: "Qual o sentido da tua pergunta? Ele é um escorpião e eu sou um homem; ele pica e eu tenho compaixão. Cada um faz o que lhe corresponde, segundo a sua natureza. Querias, antes, que fosse o contrário?".

[287] Poema de José Martí, "Cultivo uma rosa branca".

Eu cultivo a rosa branca
em junho como em janeiro
para o amigo verdadeiro
que me dá a sua mão franca.
E para o cruel que me arranca
o coração com que vivo,
nem cardo ou urtiga cultivo;
cultivo a rosa branca.

Isso mostra como o outro pode fazer o que quer fazer, enquanto nós continuamos a nos comportar como seres humanos. Ninguém consegue corromper ninguém. O outro é livre para ser o que quiser.

[288] O sábio conhece o coração de todas as coisas, porque não as deseja para si. Muito pelo contrário porque, na verdade, ele anseia por dar de si mesmo a todas as coisas, e por isso elas se abrem.

[289] Sempre que não manipulamos, tocamos o coração das pessoas. Se desejamos abrir-nos com alguém, devemos procurar aquele que não queira mais nada, a não ser o nosso bem.

La

Sair é viver, entrar é morrer. [290]

Em cada dez homens, três são companheiros na vida; em cada dez homens, três são companheiros na morte. [291]

Em cada dez homens que vivem, três deles caminham para a terra da morte. [292]

Qual será a razão?

É que todos eles aspiram a dar um sentido mais transcendente às suas vidas. [293] [294]

[290] É necessário deixar a ilusão da sobrevivência e entrar na realidade do plano de vida espiritual. Sair é ascender. Descer é morrer, tal como entrar, pois, quando entramos, caímos na matéria e ficamos presos nela. Do ponto de vista do ser isso significa morrer. Quem sobe ou desce atrai os demais seres para o seu caminho.

[291] O Taoismo, como muitas outras tradições, trabalha muito o número 10, como referencial de um ciclo completo de vida (tudo volta ao 1 e depois volta ao 0). Esse é, também, um ciclo pitagórico.

[292] Assim, 3 sobem, 3 descem e os outros 3 apenas sobrevivem. No total são 9. Falta apenas 1 para o 10, que já foi lá para cima e entrou no plano espiritual, onde se mantém. É um sábio que atua no mundo, sem perder o seu centro.

[293] Todas as pessoas estão em busca do bem. Invariavelmente, aquilo que é o bem, num determinado momento identificar-se-á com o agradável e chegará ao seu auge. É nessa hora que sentimos que nos falta algo e procuramos um sentido maior para a vida. Isso é começar a ascender e sair da horizontalidade.

[294] Uma passagem do *Ramayana* relata:

"Senhor", respondeu Hanuman, "embora o bracelete de ouro parecesse muito caro, na realidade não valia nada, pois em nenhuma parte tinha escrito o vosso nome."

"Não preciso dele", diz Rama. Por que haveria de querer algo vulgar?"

Vibhishana torceu o nariz a isso.

"Então não vejo que valor tem a vida para ti. Por que não destróis o teu corpo, também?"

Com as unhas afiadas, Hanunan rasgou o próprio peito e repuxou a carne para os lados, e todos viram que estava escrito, repetidamente, em todos os ossos, com lindas letras: Rama, Rama, Rama...

Nessa passagem, os ossos representam a nossa essência, a qual, se estivesse bem gravada em nós, a ponto de sabermos aquilo que tem valor e o que não tem, intuitivamente poderíamos imaginar o quanto seríamos melhores.

Lb

Ouvi dizer que, quem vive bem a vida, segue pelo mundo sem encontrar rinocerontes ou tigres.

Passa por meio de um exército sem se desviar das couraças ou das armas.

O rinoceronte não encontra onde lhe cravar o seu chifre.

O tigre não encontra onde lhe cravar as suas garras.

A arma não encontra onde lhe cravar a lâmina.

Por que será assim?

É que o sábio não possui pontos vulneráveis. [295] [296] [297]

[295] Vamos relembrar o fio da espada, que citei anteriormente, que penetra somente onde existem vulnerabilidades. Em que pontos exteriores se revelam os pontos vulneráveis interiores? "O verdadeiro guerreiro não usa a espada." Nesse caso, é como se não houvesse nada que conseguisse ferir o sábio. O homem que venceu a si mesmo não tem inimigos externos.

[296] Existe um texto em que é dito: "Se um arqueiro se esconde atrás de uma montanha para matar alguém com um tiro de flecha, como um sábio se protegeria da flecha? Porque alguma razão teria levado o sábio a não passar por aquele caminho nesse dia".

[297] Para a tradição taoista, o acaso não existe.

LI

O Tao produz, a vida sustenta, o ambiente modela, as influências aperfeiçoam. [298]

Por essa razão, todos os seres dignificam o Tao e prezam a vida.

O Tao é engrandecido, a vida é valorizada sem estímulo externo, mas de modo inteiramente espontâneo. [299]

Desse modo, o Tao produz, a vida sustenta, desenvolve, zela, aperfeiçoa, preserva, acolhe e ampara.

[298] O Tao é a essência de todas as coisas. A vida, que é a Mãe de todas as coisas, alimenta e dá o corpo, ou a forma a essa essência. Ela nos molda, sem nos vitimizar. Alimenta-nos para formar o ser humano, e não para deformá-lo. Contudo, aquele que não tem consciência de que dentro de si existe o Tao e a vida, acaba por ser deformado pelas circunstâncias externas.

Isso é exatamente o que a sociedade considera como boa ou má formação de caráter.

[299] É de maneira espontânea, porque as coisas externas são como um armário, do qual escolhemos a roupa adequada para determinado dia. Devemos ser aquele que escolhe um traje todas as manhãs, e não o contrário, que seria deixar o traje nos escolher. O ser humano expande para fora de si tudo o que está dentro dele.

LII

O mundo tem uma origem e esta é a Mãe do mundo.

Quem procura a Mãe para conhecer os seus filhos, depois de os conhecer volta-se novamente para a Mãe, pois assim estará livre de perigo para todo o sempre. [300] [301]

Quem fica em silêncio e fecha as suas portas, encontrará estabilidade até o fim da vida. [302] [303]

Quem fala demasiado e pretende preservar os seus negócios, não vai ter ajuda ao longo da vida.

Saber olhar as pequenas coisas significa ter discernimento.

Aquele que preserva a sabedoria é forte.

Quando usamos a nossa luz para encontrar a verdadeira claridade, deixamos de nos expor ao perigo.

Chama-se a isso "manto da eternidade". [304]

[300] Para entender o que isso significa, imagine a vida como a Mãe do mundo. Essa essência, que dá a todos os seres tanto o corpo quanto os seus propósitos, é esse ser "Uno" ou Demiurgo. O ideal seria encontrarmo-nos com essa essência, em primeiro lugar, todas as vezes que quiséssemos unir-nos a alguém, antes de descer até todos os seres. O motivo disso é porque, quando nos comunicamos com os seres, no nível horizontal, apenas vemos a sua superfície e isso pode fazer com que nos afastemos. No entanto, se nos elevarmos até ao imortal, essa união acontecerá em torno de algo realmente elevado.

[301] Há uma frase que diz "O meu amor por você não cabia no meu coração, por isso pedi emprestado o coração de Deus, para amar você como você merece. Dentro do coração de Deus, o meu amor por você pode expandir-se infinitamente".

É dito que há um limite do quanto podemos amar apenas com o nosso coração. O amor sobe a Deus e desce novamente até os homens.

[302] Devemos preservar a nossa essência e ter cuidado para que não roubem o que temos de mais sagrado.

[303] Poema do poeta inglês Edward Carpenter:

Oh, não deixes que se apague a chama!
Mantida de século em século,
nesta escura caverna, neste templo sagrado,
sustentada por puros ministros do amor...
Não deixes apagar esta divina chama!

[304] Busca primeiro o teu reino, e todas as coisas virão por acréscimo. Depois, ao preservares a tua essência, perceberás que aquilo que és estará coberto por um manto de eternidade, o qual te dá segurança para pisar o mundo que flutua, sem te deixares flutuar.

LIII

Se eu soubesse, verdadeiramente, o que significa viver no Grande Tao, acima de tudo eu recearia caminhar pelas grandes estradas belas e planas, apesar de o povo preferir os atalhos. [305]

Onde as leis da Corte são austeras, mas nos campos abundam as ervas daninhas. [306]

Onde os celeiros estão inteiramente vazios, mas o povo se veste com roupas faustosas.

Onde cada um transporta, à cintura, uma espada afiada.

Onde os hábitos de comer e beber são requintados e os bens são excessivos.

É aí que o governo não reina, mas reina a confusão. [307]

[305] Se o sistema ruir e as leis caírem, o ser humano, mesmo julgando-se civilizado, preferirá prosseguir por atalhos.

[306] Quando o Egito estava em decadência, alguém escreveu este diálogo de um desesperado com a sua alma:

"A quem falarei hoje?

Os corações são violentos, cada um arranca o bem do seu irmão.

A quem falarei hoje?

O homem que te põe furioso, pela sua maldade, faz por se mostrar agradável a toda a gente, por mais baixa que seja a sua infâmia.

A quem falarei hoje?

O ladrão com o qual convivia, tornou-se inimigo...

A quem falarei hoje?

O mal que enferma este país não tem fim".

[307] As boas aparências são refinadas e atuam como cortinas que fazem parecer que já somos aquilo que não poderíamos estar mais longe de ser. Por trás delas permanecem o medo, o desejo, o egoísmo e a violência. Elas apenas impedem que isso possa ser visto.

LIV

O que foi plantado com firmeza não será arrancado.

O que está firme não se desprenderá. [308]

Quem for recordado, por filhos e netos, permanecerá. [309]

A vida de quem cultiva a si mesmo será autêntica. [310]

A vida de quem cultiva a própria família será completa.

A vida de quem cultiva o seu próprio país será abundante.

A vida de quem cultiva o mundo será infinita. [311]

Então, avalia os outros por aquilo que és. [312]

Avalia a família dos outros segundo a tua própria família. [313]

Avalia a comunidade dos outros como avalias a tua comunidade. [314]

Avalia o país dos outros como avalias o teu próprio país. [315]

Avalia o mundo dos outros como avalias o teu próprio mundo. [316]

Como posso conhecer a natureza do mundo?

Precisamente por isso. [317] [318]

[308] O ser humano precisa se preocupar com duas coisas: perceber se o hábito de ver as coisas em profundidade está enraizado, e analisar a sua capacidade de vê-las, pois tudo o que não tiver raiz certamente será arrastado.

[309] Os incas registravam os feitos dos seus grandes imperadores em cânticos nos seus amautas.

Eles contavam apenas a história de quem tivesse feito alguma coisa positiva, para si próprio e para a humanidade, do ponto de vista do ideal humano. Se não tivesse feito nada, esse alguém seria julgado sem valor e banido da história.

[310] É esse o cultivo dos valores próprios do ser humano.

[311] Aquele que faz da humanidade a sua responsabilidade, sabe que os filhos são filhos da humanidade, e que a humanidade é um problema nosso. Portanto, estar preocupado com a humanidade é estar preocupado também com a natureza.

[312] A doutrina cristã também ensina: "Amar aos outros como a si mesmo".

[313] Quando se emite um julgamento sobre alguém, questiona-se como seria se esse mesmo pensamento tivesse como objeto alguém da nossa própria família. Isso seria o ideal, pois é um fato que cada pessoa faz parte da nossa família "humanidade".

Platão até mesmo pensava que deveríamos diluir as relações de parentesco, para que todos os seres humanos fossem a nossa família. Essa seria a perfeição.

[314] Os romanos diziam: "O que é bom para o Estado é bom para o homem".

[315] Em *A Arte da Guerra*, o autor diz: "Não invadas o país dos outros, a menos que estejas em risco".

[316] O exemplo perfeito de justiça acontece quando temos de punir o nosso filho, porque sabemos que ele precisa disso para crescer. Apesar de sofrermos por dentro, fazemos isso pelo bem dele. Portanto, a justiça, nunca pode ter o ódio trás de si, pois dessa maneira não estará sendo imparcial.

Santo Agostinho disse: "A vingança é um tipo de ateísmo inconsciente".

[317] Em Platão surge o seguinte conceito de bem: "Quando eu não quero absolutamente nada para mim, eu só quero o bem dos seres. Estes seres abrem-se e mostram-me a sua essência".

Aquele que conhece a essência de todas as coisas é um sábio.

[318] Passagem de *A Voz do Silêncio*: "Que a tua alma dê ouvidos a todo grito de dor, como a flor do lótus abre o seu seio para beber o sol matutino. Que o sol feroz não seque uma única lágrima de dor, antes que a tenhas limpado dos olhos de quem sofre. Que cada lágrima humana, escaldante, caia no teu coração e ali fique; nem nunca a tires enquanto durar a dor que a produziu. Essas lágrimas, ó tu de coração compassivo, são os rios que irrigam os campos da caridade imortal. É nesse terreno que cresce a flor noturna de Buda, mais difícil de achar,

mais rara de ver do que a flor da árvore Vogay. É a semente da libertação do renascer".

LV

Aquele que preserva em si a vida plena é como um recém-nascido:

Não será mordido por serpentes venenosas, não será afrontado pelos animais ferozes, nem as aves de rapina avançarão sobre ele. [319]

Os seus ossos são quebradiços, os seus tendões são frágeis, mas apesar disso, o seu aperto de mão é poderoso. [320] [321]

Ainda não sabe nada sobre a união do homem e da mulher e, apesar disso, o seu sangue perturba-se, pois nele reside a plenitude da semente. [322] [323] [324]

Mesmo que grite o dia inteiro a sua voz não enrouquece, pois ele possui a plenitude da paz. [325] [326]

Conhecer a paz é pertencer à eternidade. [327]

Conhecer a eternidade é estar em harmonia.

À multiplicação da vida dá-se o nome de felicidade.

Quem dedica a sua força a serviço da ganância é chamado de forte. [328]

Os seres que se tornam fortes envelhecem. [329]

Esses seres são contrários ao Tao, e o que é contrário ao Tao tem um fim prematuro. [330]

[319] É como diz o verso zen sobre a espada: "A brecha da inconsciência é onde corta o fio da espada". A tradição inca também falava sobre isso: "O mal exterior penetra nas frestas que o mal interior deixou abertas".

[320] A vida não tem fórmulas prontas, portanto não existe um manual para cada situação. Cada momento é inigualável, irrepetível e tem de ser julgado segundo os nossos princípios.

[321] Seja suficientemente flexível para saber dançar com os ventos da vida, sem que você se quebre, e para encontrar a palavra certa, no momento certo.

[322] Em *O Banquete*, Platão diz que toda a natureza precisa gerar frutos e fala da união dos três mundos: o físico, o psíquico e o espiritual. Estes estão organizados da seguinte forma: em baixo, encontra-se o plano físico, em que se procria, pela união da semente do homem e da mulher; depois, existe um mundo psíquico e moral, em que, além da procriação, é necessário gerar valores, virtudes e conduta reta; existe também o mundo espiritual, em que é necessário gerar sabedoria e uma visão pura das ideias que criaram o universo.

"Necessitamos entender os pensamentos de Deus", como dizia Einstein, porque lá em cima também se geram filhos. Não é porque o ser humano desconhece a união entre o homem e a mulher que ele deixa de ter, dentro de si, sementes ardentes com a necessidade de procriar. É preciso gerar filhos em todos os planos.

[323] No livro *A Arte da Guerra*, o autor afirma: "A suprema arte da guerra é derrotar o inimigo sem ter de lutar". "Derrotar o inimigo em cem batalhas, não é a excelência suprema; a excelência suprema consiste em vencer o inimigo sem ser preciso lutar."

[324] O *Dhammapada* diz: "Embora se possa conquistar mil homens, mil vezes em batalha, aquele que vence a si mesmo é, sem dúvida, o mais nobre dos vencedores".

[325] Como diz o aforismo "Quanto mais dentro, mais fora".

[326] Encontramos a seguinte passagem na obra *Ramayana*: "Rama, é o momento de usar a nossa fúria. Solta a nossa fúria!".

É como se ela fosse uma caixa de ferramentas de Rama, e que Rama sabe o momento de usar cada uma delas. E esse é o momento da fúria. Quando ela acaba, permanece a paz.

[327] Para o Taoismo, a felicidade humana é a serenidade.

[328] Ser forte, no sentido de ser rígido, é colocar todas as potências humanas a serviço da cobiça e do interesse. Ser rígido é não saber dançar com o vento.

[329] O bebê, que nasce muito delicado e macio, tende a ficar mais rijo e duro à medida que envelhece.

Todas as coisas que são rígidas envelhecem porque não dançam a vida.

[330] Na obra *Em Busca da Sabedoria,* Sri Ram diz: "A vida é uma contradança com Deus. Entre nós e Deus porque todas as coisas que estão à nossa volta são parte dele". Quando ele avança temos de saber retroceder, quando retrocede temos de saber avançar, e sempre sem pisar nos pés dele.

LVI

Aquele que sabe não fala. Aquele que fala não sabe. [331]

É necessário manter a boca fechada, encerrar as portas, moderar a perspicácia, diluir os pensamentos confusos, atenuar a glória e partilhar o que se tem de terreno. [332] [333] [334]

Chama-se a isso união misteriosa com o Tao. [335]

Quem a possui não é influenciado pelo amor e fica impassível perante o frio. [336]

Fica impassível perante o lucro, a perda, a glória, a condição de inferioridade.

Por isso, ele é o mais esplendoroso sobre a Terra. [337] [338]

[331] Atualmente falamos muito e não dizemos quase nada. De modo geral, os sábios falam muito pouco, mesmo quando querem dizer muitas coisas.

Parmênides, que é conhecido como um dos maiores sábios da Grécia Antiga, tinha um pensamento fundamental: "O ser é. O não ser não é". E assim é realmente porque, se o ser é, não pode deixar de ser no tempo e no espaço, porque se deixasse de ser é porque nunca foi.

[332] Manter a boca fechada significa proteger aquilo que de sagrado e profundo há dentro de nós a fim de não nos deixarmos esvaziar por uma total alienação provocada pelas pressões e apelos do meio. Manter as portas cerradas significa ter cuidado com aquilo que entra para não deixar que os sentidos nos tragam lixo. Não devemos deixar que entre aquele que, mesmo não tendo sido convidado, se apresenta de maneira convencional.

[333] A perspicácia a que o texto se refere não é no sentido positivo, mas no sentido da esperteza vulgar, da manipulação e do desejo de enganar o outro. Perspicácia essa que se torna maldosa quando julgamos mal o que vemos apenas exteriormente. Devemos ter a honestidade de querer dar o nosso melhor e acreditar, por princípio, que os outros também estão fazendo isso. Tamabém é preciso dar oportunidade ao outro.

[334] Há um aforismo que diz: "Um controle mental básico é sinônimo de vida interior".

[335] É como a representação do centauro: na parte inferior encontra-se o animal e, na de cima, o humano. Essa é a ideia de que o humano deve preponderar sobre o animal.

[336] O amor que mais se aproxima da paixão é aquele que arrasta e escraviza pelos desejos. Porém, o homem que tem uma união profunda com o Tao não se torna um objeto nas mãos das circunstâncias externas. Imagine a seguinte cena: se passasse um cão pela rua e ele latisse para você, iria responder latindo? Não! Então, por que agredimos quando alguém nos agride? Por que respondemos da mesma maneira que fomos tratados? Porque somos como uma folha solta, sujeita à força dos ventos e das circunstâncias.

[337] As nossas decisões deveriam partir de dentro para fora, e não ser motivadas por acontecimentos externos. Se "eu caminho em direção aos meus princípios", as coisas passam por mim e me afetam de alguma maneira, mas não a ponto de fazer com que eu traia a minha identidade.

[338] Em *A Arte da Guerra*, Sun Tzu diz: "O general que avança sem desejar a fama e recua sem temer o descrédito, tem como único pensamento proteger o seu país e prestar um bom serviço ao soberano. Ele é a joia do reino".

LVII

A orientação de um Estado influencia a arte de governar.

A via do guerreiro conduz a um enorme talento.

Mas para conquistar o mundo, é necessário estar livre de toda ação. [339]

De onde me vem esse conhecimento do mundo?

No mundo, quanto maior for o número de proibições, mais pobre o povo ficará.

Quanto mais instrumentos afiados o homem possuir, tanto mais a família e o Estado ficarão arruinados. [340]

Quanto mais o povo cultivar a arte e a astúcia, mais serão os prenúncios adversos.

Quanto mais leis e decretos forem publicados, mais ladrões e assaltantes surgirão. [341]

É essa a razão pela qual um sábio diz: mesmo que não façamos nada, o povo evoluirá por si mesmo. [342]

Se amarmos a quietude, o povo organizar-se-á por si mesmo. [343]

Se não empreendermos nada, o povo desenvolver-se-á por si mesmo.

Se não tivermos ganância, o povo alcançará a simplicidade por si mesmo. [344]

[339] A não ação, no sentido de não fazer nada que seja egoísta, é contrária ao propósito da satisfação pessoal, pois é esta que leva à "heresia da separatividade".

Por trás de todos os males do mundo está o egoísmo. A reta-ação consiste em agir por dever e não por interesses pessoais. Se eliminássemos toda ação egoísta, os nossos atos fariam parte de um tempo real, medido por passos em direção ao ideal humano.

[340] Quanto mais o homem agir por medo, desejo ou violência, mais o Estado irá à ruína, pois as proibições fazem mais do que apenas empobrecer: elas geram obediência, em vez de consciência. Não se obtém progresso para o Estado nessa situação, apenas uma grande sensação de "tudo de que eu gosto é ilegal, imoral e engorda".

Platão disse: "Toda lei precisa de uma longa explicação, porque quem cumpre a lei sem saber o seu propósito não alcança um novo estado de consciência por meio dela". E, portanto, essa lei terá sido ineficaz, porquanto logo que cair, a pessoa voltará ao comportamento anterior.

[341] Platão disse: "Se há muitos médicos, quer dizer que há muitos doentes. Se há muitas leis é porque há muitos infratores na sociedade. As coisas que são óbvias deixam de ser e depois temos de legislar sobre o óbvio".

[342] Nesse caso, não fazer nada significa não fazer nada que seja egoísta. Essa deve ser a maneira de agir dos dirigentes que atuam segundo a lei e, também, a nossa, que somos dirigentes de nós mesmos e dos que estão à nossa volta, pois de um modo ou de outro nós os influenciamos.

[343] O nosso exemplo deve ser dado sem imposição, sem vaidade e sem que queiramos brilhar.

[344] Aquele que dirige não possui aquilo a que chamamos de "poder", porque poder não é algo que se concede, mas que se conquista. Poder é ser fiel a si próprio.

Sócrates não tinha nenhum poder na Grécia, mas os trinta tiranos tinham. No entanto, atualmente ninguém sabe o nome deles; então, quem realmente tinha mais poder?

LVIII

Quando o governante é sereno e sóbrio o povo é fiel e honesto.

Quando o governante é astuto e insensível o povo é infiel e desonesto.

A felicidade repousa sobre a infelicidade; a infelicidade esconde-se na felicidade. [345]

Quem acredita que o bem supremo consiste na ausência de ordens? [346]

A ordem dá origem aos caprichos e o bem transforma-se em superstição. Também a cegueira do povo se prolonga indefinidamente. [347]

Desse modo, também o sábio é um modelo sem anular os outros; é rigoroso sem magoar; é natural sem ser parcial e brilha sem ofuscar. [348]

[345] Um governante precisa ter em mente que um Estado em equilíbrio a qualquer momento pode desequilibrar-se, seja para um lado ou para o outro. Por essa razão, ele precisa conhecer a dualidade da natureza humana e ter domínio sobre ela, mesmo que as pessoas, de um modo geral, não o tenham. Ele será responsável por zelar para que elas façam sempre uma boa escolha, mantendo a consciência de que a boa escolha vive com a má escolha atrás, à espreita, como a sombra que persegue a luz.

[346] Há ordens que são impostas sem gerar consciência. Na humanidade, deve haver ordens que elevem o nível de consciência e não ordens às cegas.

[347] A qualquer momento, um comando que não traz consciência pode ser visto como algo arbitrário e caprichoso e, se isso acontecer, os seus princípios se tornarão superstições. Em vez disso, o ideal é conduzir os comandados a alcançar a imagem e semelhança do seu líder. Por essa razão, cada ordem deve gerar um estado de consciência. Se assim não for, elas se tornarão cada vez mais incompreensíveis e rígidas, e levarão ao culto da personalidade. Em vez de servirem à sabedoria, passam a servir à vaidade.

[348] Como já comentei anteriormente neste livro, o ser humano tende a não perceber a dualidade porque ao ver um polo exclui o outro. Essa visão dual no homem torna necessária a presença de alguém mais sábio do que ele, capaz de ver a sombra que espreita. O sábio terá alguma concepção da Unidade e verá as dualidades de maneira simultânea.

LIX

No comando dos homens e no serviço aos Céus, o mais importante é a moderação.

Somente pela moderação é possível tratar dos negócios com eficácia. Tratando dos negócios com eficácia, as forças da vida duplicam.

Duplicando as forças da vida, estaremos à altura de cada situação.

Ao estarmos à altura de cada situação, não serão conhecidos os nossos limites. [349] [350] [351]

Se ninguém conhecer as nossas limitações, poderemos possuir o mundo.

Se possuirmos a Mãe do mundo, permaneceremos na eternidade. [352] [353]

Eis o Tao da raiz profunda, da base segura, da longa vida e da contemplação eterna!

[349] Os nossos limites não existem. Diluir a separatividade, tornando-nos um com o mundo, irá, gradualmente, vencendo as manifestações do egoísmo, com atenção e prudência. Platão até mesmo dizia que prudência era sinônimo de sabedoria. Então, o ser prudente é aquele que age acertadamente, pois sempre o faz com o melhor de si mesmo. Lao-Tsé chama a prudência de moderação.

[350] Aristóteles dizia que a perseverança é um dos aspectos mais complexos da vida, pois diz respeito a praticarmos as virtudes sempre, e não apenas num determinado momento.

[351] O Nobre Caminho Óctuplo do Budismo é de fácil realização num minuto. A sua dificuldade está em realizá-lo no minuto seguinte.

[352] Lembremos que o Tao é o zero, e a Mãe é o Uno (o 1). Se possuímos o 1, significa que já vencemos a separatividade, porque vencemos o egoísmo e a nós mesmos.

[353] Quando engrandecemos o que é passageiro, desperdiçamos a nossa energia de vida em algo que inevitavelmente será perdido.

LX

A governação de um grande país assemelha-se ao fritar de pequenos peixes. [354]

Quando o mundo é governado segundo o Tao, os mortos não vagueiam por aí, como espíritos.

Isso não significa que os mortos não sejam espíritos, mas, sim, que os seus espíritos não prejudicam os homens.

Não são apenas os mortos que não prejudicam os homens, o sábio também não lhes causa nenhum dano.

Quando essas duas potências não se prejudicam mutuamente, as suas forças de vida harmonizam os seus efeitos. [355] [356]

[354] Como é a fritura de pequenos peixes: (1) Não são todos do mesmo tamanho, nem têm todos o mesmo peso. (2) E quem os frita deve ter muita atenção para não deixar que os menores queimem e sequem por fritarem mais depressa do que os maiores. É dito que a governação de um grande país se assemelha a esse processo, pois o ideal seria dar mais atenção aos países menores, em primeiro lugar. No entanto, não devemos criar falsas expectativas, porque nem sempre os maiores levam mais tempo que os menores, pois os caminhos fáceis enganam.

[355] Mortos e vivos são representados como duas grandezas, o espírito e a matéria. Quando o homem não teme o espiritual, os conselhos dos sábios deixam de ser temíveis. Imaginemos que uma pessoa muito preguiçosa pergunta a um sábio: "O que devo fazer para me tornar melhor?". Ele diria: "Abandone para sempre a preguiça". Mas como a pessoa não está num nível que lhe permita mudar tanto assim, de um dia para o outro, isso iria criar-lhe medos e ela se afastaria.

[356] A melhor ajuda que podemos ter é a de alguém que está um pouco mais acima de nós, e não a de um sábio, porque este se encontra num patamar elevado demais e isso nos afasta dele. Quando tentamos procurar a ajuda dos sábios, sentimo-nos derrotados por não conseguir entendê-los. Ao mesmo tempo, recusamos facilmente a ajuda do filósofo por acharmos que ele não é digno, porque ainda não é um sábio.

LXI

Quando um grande reino se situa a jusante, ele torna-se o lugar de confluência de todas as correntes do universo. [357]

Ele é o feminino do mundo. [358]

O feminino, com a sua passividade, vence sempre o masculino. [359]

Devido à sua tranquilidade, ele se submete. [360]

Então, se um grande reino se submete a um pequeno, com isso ele conquistará o pequeno reino. [361] [362]

Se o reino pequeno se submete ao grande, resulta daí a sua conquista pelo grande reino.

Desse modo, um deles conquista por se submeter e o outro é conquistado por se submeter.

O grande reino não aspira senão à união dos homens, e a alimentá-los. [363]

O pequeno reino não aspira senão a participar do serviço aos homens.

Desse modo, cada um consegue aquilo a que aspira, mas para isso o grande deverá se submeter.

[357] Definição de um reino grande: aquele que é harmonioso e muito bem governado. Nesse caso, a grandeza não se refere à riqueza.

[358] Quando o pai de uma família muito numerosa morre, a mãe sempre consegue manter todos reunidos após o falecimento. Quando o contrário acontece, verifica-se que o pai tende a ter maior dificuldade em fazer com que a família permaneça unida. Embora ambos tenham um potencial de amor e uma aptidão para servir, essa é uma vocação especial do feminino.

[359] É importante ressaltar mais uma vez que passividade não significa não fazer nada, mas aceitar cada ser como ele é. É trabalhar para ser melhor amanhã. Passividade, no sentido de aceitação do outro, não significa não trabalhar para que o outro cresça, mas ajudá-lo a partir do ponto em que se encontra.

[360] Aconteça o que acontecer, o grande reino vai dominar o pequeno com maior eficácia, especialmente se, em vez de entrar com as tropas, ficar tranquilo, colocando-se a serviço do pequeno.

[361] Seja de que modo for, o grande acabará por se impor ao pequeno. Porém, o processo será mais natural se as virtudes estiverem iluminadas pela humildade, como acontecia com os governantes sábios de antigamente. (Embora não saibamos quase nada sobre eles, mas apenas que existiram.)

[362] Um bom orador é aquele que é capaz de fazer com que ninguém saia de uma conferência pensando nele, mas antes pensando

em si mesmo. Quando as pessoas saem dizendo que o orador é fantástico, pode-se pensar que ele não devia ser tão bom assim.

[363] O grande reino não é aquele que se restringe às suas fronteiras para cuidar dos seus cidadãos, mas, sim, aquele que se compromete a ajudar toda a humanidade. Um país que vence o egoísmo não se preocupa apenas consigo mesmo.

LXII

No Tao residem todas as coisas: a riqueza dos homens de bem e o refúgio dos que não o são.

Com belas palavras podem comprar-se honrarias.

Com uma conduta honesta podemos evidenciar-nos perante os outros.

Mas aqueles que não são bons entre os homens, por que deverão ser rejeitados? [364]

É por essa razão que é investido um soberano, e que os príncipes têm a sua função.

Mesmo que possuíssem um cetro recheado de pedras preciosas, para participarem de um cortejo festivo, em nada se poderiam igualar à dádiva do Tao, feita de joelhos perante o soberano. [365] [366] [367]

Por que é que os antigos respeitavam tanto esse Tao? [368]

Não será porque dele se diz: "Aquele que pede, recebe; aquele que pecou será perdoado"?

É por essa razão que o Tao é o bem mais precioso da Terra.

[364] Já se estabeleceu que, quanto mais pleno é um estado de consciência, menos ele exclui, a ponto de não excluir nada. Portanto, mesmo o último, o menor e mais débil dos homens não deve ser ignorado. Ele tem respon-sabilidade sobre si próprio e, dentro dele, há algo de divino que necessita ser resgatado. Quanto mais ele age contra as leis, contra a civilização, mais fundo ele desce, mas precisamos saber que algo nosso desceu junto com ele. Quando um homem se eleva, também algo em nós se eleva com ele.

No livro *A Luz da Ásia* é relatado que, quando Buda se iluminou, um sentimento de alívio das suas dores passou também para os mortais que viviam do outro lado da Terra. Quando estamos amarrados pelo dedo, e ele se liberta, todo o corpo sente alívio.

[365] Nada é mais precioso para um verdadeiro soberano do que curvar-se diante do Tao e alcançar a sua virtude, pois isso significa tornar-se menos egoísta e chegar mais perto da unidade.

[366] Certo dia, Santo Apolônio assistiu, num templo, ao sacrifício de um animal. Ao entrar, ele disse: "Abstende-vos de lavardes os vossos altares com sangue. O único sacrifício agradável aos deuses é o sacrifício do vosso eu animal, em altares da Sabedoria".

[367] O soberano não pode obrigar ninguém a evoluir; contudo, quando isso acontece, considera-se esse progresso um grande presente. Essa é a verdadeira oferta para um rei, como o é também para os Deuses.

[368] Será que, para os antigos, um dos melhores atributos do Tao não era a compaixão, que não exclui nada nem ninguém, sendo esse o atributo principal da Unidade?

Quando excluímos mesmo que seja um único ser humano, a Unidade deixa de existir.

LXIII

Quem pratica a não ação faz da sua desocupação o seu fazer, e saboreia o sem-sabor;

Vislumbra o grande no pequeno; o muito no pouco.

Responde ao rancor com a vida.

Planifica o que é difícil, enquanto este ainda é pequeno.

Aquilo que na Terra é difícil, difunde-se a partir de algo pequeno. [369] [370]

Desse modo, mesmo que o sábio nunca tenha realizado algo de grande, ele poderá vir a realizar obras grandiosas. [371]

Quem promete irrefletidamente, é raro que cumpra a palavra dada. [372]

Quem olha as coisas como sendo fáceis, com certeza irá encontrar muitas dificuldades. [373]

Desse modo, se o sábio pensar a respeito das dificuldades, nunca as irá encontrar.

[369] No universo, onde se encontrará a fronteira entre o grande e o pequeno? Será que um grão de areia é pequeno e um ninho de galáxias é grande, para ele? O universo está cheio de ninhos de galáxias.

Nada do que existe é insignificante.

[370] Quando alguém perguntou a um sábio zen: "Sábio, como conseguiu tanta sabedoria?". Ele respondeu: "Sabes como? Quando estou descascando uma laranja, estou apenas descascando uma laranja! A minha mente e o meu coração estão inteiramente presentes".

[371] As coisas não nascem de repente, elas se constroem lentamente. Um grande homem pode até nunca ter realizado um grande feito na vida, mas fez, de modo constante, coisas pequenas todos os dias.

[372] É necessário ter prudência no momento do compromisso, e vontade no momento da execução.

[373] Geralmente, as coisas exigem o triplo do esforço, o dobro do tempo e o máximo da dificuldade que prevemos inicialmente. Por isso, aquele que se compromete com algo não pode ter pressa nem ansiedade, mas, sim, ter o compromisso bem firme na sua mente.

[374] Quem faz o que se espera dele no momento certo, nunca sentirá urgência na sua vida. Esta só aparece como resultado de algo que não foi feito no momento oportuno, e foi deixado para depois. O homem que se mantém fiel ao que a vida espera dele não tem urgências.

LXIV

O que ainda se encontra em repouso, facilmente pode ser alcançado.

O que ainda não aconteceu, facilmente pode ser examinado.

O que ainda é frágil, facilmente pode se quebrar.

O que ainda é pequeno, facilmente pode ser disperso.

É necessário atuar sobre o que ainda não existe; é necessário colocar ordem naquilo que ainda não se encontra em desordem.

A árvore que enche um abraço provém de uma haste tão fina quanto um fio de cabelo.

A torre de nove andares provém de um montículo de terra.

A viagem de mil milhas inicia-se por um só passo. [375]

Quem age, falha; quem guarda, perde. [376]

Acontece o mesmo com o sábio: não age, por isso não falha.

Não guarda, por isso nada perde. [377] [378]

Ao cuidarem dos seus negócios, quando estes estão quase concluídos, as pessoas os destroem.

Dá atenção à conclusão, assim como ao início, e nada fracassará. [379]

Acontece o mesmo com o sábio: anseia anular os seus desejos;

Não preza os bens difíceis de serem alcançados;

Aprende a não aprender; preocupa-se com o povo que o abandona. [380] [381]

Desse modo, favorece o curso natural das coisas sem intervir com a sua ação. [382]

[375] É como acontece com uma avalanche, que começa com uma pequena bola de neve fácil de deter, e termina como algo capaz de derrubar o telhado de uma casa. Não devemos tentar deter toda essa neve quando ela já se encontra acumulada, mas, antes, agir quando a pequena bola de neve acabou de aparecer. Um sábio é prudente e nunca subestima o inimigo. A nossa lógica deve incidir sobre as causas dos problemas.

[376] O texto refere-se à ação que não é reta e ao apego ou desejo de posse. Ambos fazem com que as coisas escapem por entre os dedos, inexoravelmente.

"Nada que é realmente seu pode ser tirado de você."

[377] "O antídoto do desespero é o sentido."

Quando o ser humano encontra um sentido para aquilo que vive, resgata a sua vida da arbitrariedade e conecta-se com um objetivo maior. Ter esse sentido na vida eleva-o para além do sofrimento e do desespero. Khalil Gibran dizia que, quando isso acontece, o homem torna-se "um posto de enriquecimento dos dons da Vida. As coisas vêm, ele aprende com elas, dá o seu melhor, recebe o melhor das coisas e deixa que elas fluam". Deixa de ter apegos, egoísmo e desejo de vencer.

[378] O nosso corpo não nos pertence e não adianta apegarmo-nos a ele, pois um dia será retirado de nós.

[379] É preciso ter cautela para não agir com desleixo quando nos encontramos próximos de cumprir um objetivo. Muitas pessoas perdem o esforço que empregaram por julgarem ser

bem-sucedidas antes da hora. Isso aconteceu com Ulisses em *A Odisseia*, que adormeceu quando já vislumbrava o seu objetivo no horizonte. Os seus marinheiros abriram um saco de ventos que o atiraram para o outro lado, e o obrigaram a recomeçar a viagem.

Deve-se amar o ritmo e a perseverança porque estes são constantes e não morrem.

[380] "Não aprender" consiste em não racionalizar todas as coisas, antes de intuir a sua essência, pois apenas as intuímos quando as vemos todas juntas. Procurar a essência das coisas gerará o sentido de integração e não o de divisão, e impedirá que pormenorizemos as coisas, impulsionados por uma curiosidade superficial.

[381] O povo faz aquilo que se espera dele, tal como o sábio que se entrega e não espera nada em troca, pois sabe que as pessoas têm o seu tempo de amadurecer e entender. Ele não espera reconhecimento.

[382] O sábio nunca age de maneira pessoal, mas segue o curso natural das coisas, trabalhando para o bem da natureza, sem querer reservar nada para si. Ele entende o mistério da Unidade e, por isso, realiza o seu trabalho a favor dela, desse modo saindo vitorioso da grande batalha contra o egoísmo.

LXV

Os que antigamente eram eficientes, governando segundo o Tao, não o faziam para esclarecer o povo, mas preferiam mantê-lo na ignorância. [383] [384] [385]

O que torna difícil a governação de um povo é o fato de ele ser instruído.

Por esse motivo, aquele que governa o Estado com base no saber é ladrão do Estado. [386] [387]

Aquele que não governa o Estado com base no saber é a felicidade do Estado. [388]

Aquele que tem o conhecimento desses dois aspetos, tem um ideal.

A vida oculta reside no conhecimento desse ideal. [389]

A vida oculta é de grande profundidade, de grande abrangência, e nenhuma outra coisa se lhe iguala.

No final alcança grande êxito. [390]

[383] Nesse caso, manter a ignorância significa não explicitar as coisas a fim de manter a ordem. Uma pessoa extremamente medrosa, por exemplo, não pode ver-se à frente de uma ponte estreita, pois o seu medo impedirá que ela e as outras pessoas atravessem (ela não permitirá que outros consigam, pois isso realçará a sua covardia). Portanto, é conveniente vendar os seus olhos. É melhor que, em certas circunstâncias, algumas coisas sejam ignoradas.

[384] "Toda busca da sabedoria é uma preparação para ver." No entanto, o homem dificilmente percebe que não suporta ver coisas para as quais não estava preparado.

[385] No *Ramayana* encontramos a seguinte passagem: "Um rei nunca deve pronunciar uma palavra a mais nem uma palavra a menos do que se necessita ouvir em cada momento".

[386] É um "ladrão do Estado" aquele que impossibilita o Estado de cumprir o seu papel. O que um Estado pode fazer para ajudar? Convidar a sua população a elevar-se e a libertar-se dos obstáculos do caminho. Dar exemplo.

[387] Em primeiro lugar vem o ser, a formação, e depois o saber, a informação. Colocar a capacidade técnica na mão de pessoas que não têm fortaleza moral equivale a ser um "ladrão do Estado", pois desse modo não se ajuda as pessoas a crescer, tarefa essa que é função do Estado.

Quando alguém resiste à formação, a informação deve parar de ser dada e retomada apenas quando a evolução da formação exigir mais informações para o crescimento do indivíduo.

[388] Em primeiro lugar deve ser dada a formação e, só depois, a informação.

[389] Para obter uma visão mais focada, discernindo informação útil de informação vulgar e superficial, devemos saber exatamente quem queremos ser e o que é necessário aprender para chegar lá.

[390] Um Estado torna-se caótico quando as pessoas são superficiais e não têm vida oculta. Não são só as que comandam, mas também as que são comandadas que têm falta de vida humana profunda, falta de ser e de saber, falta de formação e de informação, tudo isso ao mesmo tempo.

LXVI

Se os rios e os mares são como reis para os riachos, é porque ambos sabem colocar-se em níveis inferiores.

Por esse motivo, eles reinam sobre todos os riachos.

O mesmo acontece com o sábio que, ao erguer-se acima do seu povo, coloca-se numa posição inferior, enquanto lhes fala. [391]

Se pretende estar na dianteira do seu povo, ele posiciona-se atrás. [392]

Portanto, o sábio permanece elevado, e é por isso que o povo não sente o peso da sua autoridade. [393]

Mantém-se liderando e, desse modo, o povo não é lesado por ele.

Então, todos estão dispostos a exaltá-lo de bom grado.

Como ele não rivaliza com ninguém, também ninguém rivaliza com ele. [394] [395]

[391] As pessoas começam a ser flexíveis, e a ver um dirigente como um pai, quando este lhes toca o coração, fazendo com que elas se deixem conduzir. Para isso, ele precisa ter o máximo de humildade, não ter nenhum desejo de possuir e ferir, nem ter segundas intenções, para além de, em primeiro lugar, um desejo puro de servir.

[392] O sábio coloca-se sempre no lugar de maior sacrifício, desconforto e risco, sem querer nada para si, aspirando a apenas servir.

Para Platão, esta era a síntese do bem: colocar a sua vida a serviço dos outros, sem pensar "para o que isso me serve", mas, sim, "como posso servir a isso".

[393] O sábio não pesa, mas flutua. Lidera, sem pesar sobre o povo. Não pagamos um preço por ele estar acima, pois ele esforça-se para elevar todos consigo. O maior peso é sempre o dele.

[394] As nossas lutas interiores advêm de um ponto fraco, que é por onde as lutas exteriores tentam entrar.

O sábio é tão pacífico que gera uma espécie de aura. É tão vitorioso sobre si mesmo que não mostra qualquer brecha por onde possa ser atacado. Como não possui desejos, não pode ser manipulado.

[395] Na obra *Portas do Fogo*, de Steven Pressfield, em certo momento, Xerxes, rei dos persas, preparava-se para atacar os espartanos, nas Termópilas. Entre os persas havia um grego que explicava a Xerxes o que significa um rei para um espartano.

“Vou dizer a vossa Majestade o que é um rei: um rei não enfrenta o perigo de dentro da sua tenda, enquanto os seus homens sangram e morrem no campo de batalha. Um rei não janta enquanto os seus homens passam fome, nem dorme quando eles estão vigiando sobre a muralha. Um rei não exige a lealdade dos seus homens pelo medo, nem compra a lealdade com ouro; ele ganha o seu amor com o próprio suor e os sofrimentos de que padece, em nome deles. O rei carrega o fardo mais pesado e o mais penoso. Ele é o primeiro a levantar-se e o último a cair. Um rei não exige o serviço daqueles que lidera, mas confia-lho a eles. Ele os serve e não são estes que servem a ele. Isso é um rei, Vossa Majestade! Um rei não gasta a sua energia escravizando homens, mas, sim, libertando-os pela sua conduta e exemplo.”

LXVII

Todos dizem que o meu Tao é grande; no entanto, de algum modo ele é inútil.

E é precisamente pelo fato de ser grande que ele é inútil.

Se fosse útil, há muito teria se tornado pequeno. [396]

Tenho três tesouros que guardo e estimo:

O primeiro denomino de amor; o segundo de sobriedade, e o terceiro é a renúncia à liderança do mundo. [397]

Por meio do amor podemos tornar-nos corajosos. [398]

Por meio da sobriedade podemos tornar-nos generosos. [399]

Por não pretendermos liderar o mundo, poderemos vir a estar à frente dos homens de talento. [400]

Pretender ser corajoso sem amor; pretender ser generoso sem sobriedade; pretender liderar sem renúncia. Esse é o caminho para a morte. [401]

Se, em combate, tivermos amor, sairemos vitoriosos.

Se, na defesa, tivermos presente o amor, nunca seremos vencidos.[402]

Aquele que o Céu quer salvar, o Céu o protege por amor. [403] [404]

[396] O útil é diferente do necessário. O útil refere-se àquilo que é usado como um meio para chegar a um fim maior. É um recurso temporário que se usa, se desgasta e acaba. O Tao não faz parte disso, pois ele é o divino e o sagrado em nós. Como se pode usar o sagrado como meio? Qual será, então, o fim? Dou como exemplo esta frase: "Eu peço a Deus para ser vitorioso!". Será a nossa reputação mais importante do que Deus? Deveríamos, no mínimo, pedir a reputação para conhecer Deus e isso seria bem melhor! Devemos colocar as coisas na ordem correta, pois não pode haver nada de mais sagrado do que aproximarmo-nos de Deus.

[397] Nesse verso, a palavra "liderar" é usada no sentido de dizer que "Quem manda aqui sou eu", o que mostra a necessidade de ter *status*, um dos piores vícios do homem.

[398] O que tem o amor a ver com a coragem? É dito que a palavra "coragem" vem de *core* que quer dizer "coração". Platão diz, na sua obra, *Crátilo*, que "herói" vem de Eros (a deusa do amor). Podemos ver um exemplo de como o amor desperta a coragem: imaginemos que existe um rio perigoso e não sei nadar, mas do outro lado está alguém que amo e preciso salvar. Não iria desafiar-me a correr esse risco por alguém que amo? Sim, iria.

[399] Se não formos sóbrios e lúcidos, a nossa generosidade pode alimentar vícios e dependências. Um exemplo disso é quando uma pessoa que ajudamos durante a vida inteira (e que, por causa disso, também, acabou não amadurecendo), fica com raiva quando deixamos de fazer algo que, para ela, tornou-se a nossa obrigação. É assim que se cria um viciado.

[400] Talento refere-se, aqui, à virtude de bem realizar. Às vezes há duas pessoas dizendo a mesma coisa, mas enquanto uma delas ofende, a outra não o faz. Isso acontece porque, apesar de as palavras serem as mesmas, por trás delas há emoções diferentes, como carinho e preocupação.

Quem tem bondade dentro de si reconhece a bondade dentro do outro, porque semelhante reconhece semelhante, e nós somos mais intuitivos do que pensamos.

[401] Não é possível exercer as virtudes sem as respectivas condições morais: a coragem sem amor é imprudência; a generosidade sem sobriedade pode ser criadora de vícios; querer liderar sem ter capacidade de ser o último a receber e pagar a maior cota de sacrifício é o cúmulo do egoísmo.

[402] Imaginemos que um grupo de pessoas decide invadir um museu e destruir as obras de arte. Certamente que nos caberia impedir essas pessoas de realizar esse ato. Futuramente, quando essas pessoas recuperassem a sobriedade, será que não nos agradeceriam por termos segurado as suas mãos antes de terem praticado aquela loucura? Talvez ao longo da vida elas tenham sido as mais beneficiadas do mundo, pois o carma negativo de uma ação dessas deve ser enorme.

Aquele que combate, combate por amor ao seu adversário. Os incas diziam, antes de uma batalha: "Que os deuses lutem ao lado dos justos".

[403] Aconselho a que assistam ao filme *Lorenzo's Oil* (em Portugal com o título *Acto de Amor* e, no Brasil, *O Óleo de Lorenzo*).

[404] Imagine que estamos prestes a cair dentro de um poço e, poucos segundos antes, podemos nos questionar: “O que é que nos vai dar o céu?”. A resposta, nesse caso, seria o amor, para que, por meio dele, criássemos a força necessária para nos agarrarmos a alguma coisa, ao longo do nosso caminhar e para que, por meio do amor, pudéssemos ter o estímulo necessário para subir.

Carl Jung dizia que, nas suas experiências com o inconsciente, não chegava a enlouquecer porque, por amor, voltava sempre para perto das pessoas que necessitavam dele.

LXVIII

O verdadeiro líder não é belicoso.

O verdadeiro guerreiro não se descontrola.

O verdadeiro vencedor triunfa sem se envolver na luta. [405]

Aquele que sabe conduzir bem os homens, mantém a humildade perante eles.

Essa é a vida sem confronto, a força que manipula os homens, a polaridade que se estende até o Céu. [406] [407]

[405] Quem pratica artes marciais conhece essa realidade. Um bom artista sabe que precisa manter-se sóbrio, pois só assim a ansiedade do outro fará com que tropece nos seus próprios pés. Para um bom líder e um bom lutador, funciona do mesmo modo. Não é necessário haver conflito, pois se este ocorrer, então é porque ele não era assim tão bom.

[406] De modo geral, "manipular" e "usar" são palavras empregadas para descrever atos maldosos, embora "manipular" também signifique "manejar" e "usar as mãos". Quem molda uma estátua ou rege uma orquestra está manipulando, mas não para o mal. Também pode ser assim para aquele que usa, molda e direciona o povo, pois decerto que não pretende encaminhá-lo para o abismo.

Quem educa um filho também tem como objetivo manipulá-lo no sentido do bem. Portanto, podemos, concluir que o conceito tem um caráter dual.

Aquele que é capaz de conduzir os homens precisa ser suficientemente humilde, para que os outros o tenham como um pai que se coloca numa posição abaixo, com simplicidade, em vez de se apresentar como um rival.

[407] Certa vez, um sábio estava tentando ajudar um náufrago em alto-mar, dando-lhe uma boia. No entanto, o homem era tão vaidoso e egoísta que ambicionava somente salvar-se sozinho, característica que o sábio está consciente que existe. Sabe que se lhe der a boia, ele não a aceitará. Então faz o seguinte: corre para o outro lado do barco e, disfarçadamente, atira a boia ao mar. Depois desloca-se distraidamente, até que escuta

o náufrago dizer: "Olha, mestre, encontrei uma boia!". Então, o sábio diz: "Oh, discípulo... que homem especial tu és, por encontrares uma boia no meio do oceano!". Se o sábio não tivesse agido dessa maneira, e o criticasse pelo comportamento egoísta, o náufrago teria se afogado.

LXIX

Entre os guerreiros, há um provérbio: “Não me assemelho ao senhor, prefiro imitar o hóspede”.

“Não me atrevo a avançar uma polegada; prefiro retroceder um passo.”

Chama-se a isso andar sem pernas, lutar sem braços, combater sem atacar, dominar sem fazer uso das armas. [408] [409]

Não há maior perigo que o de subestimar o inimigo.

Se eu subestimar o inimigo, arrisco-me a ficar sem as minhas riquezas. [410]

Quando dois exércitos se confrontam em batalha, vence o que sofre por estar em guerra. [411] [412] [413]

[408] Imagine que está hospedado na casa de uma pessoa com quem tem pouca intimidade. Sabe que não seria de bom tom dizer "Quero comer", então aguarda que o outro diga: "Vamos jantar?", e só então se dirige à mesa. O mesmo aconteceria se o anfitrião dissesse: "Hoje vamos tomar só um chá" ou "É hora de dormir". O hóspede segue o dono da casa e molda-se ao regime dele. É dito que o exército chinês falava desta maneira, ou certamente deveria falar: "O inimigo é o dono da casa e eu vou observando como ele age, para me moldar de acordo com as circunstâncias. Não há nada rígido".

[409] Evite generalizar, porque cada caso é um caso, cada ser humano é um ser humano, e cada dono de casa é uma pessoa diferente. Não trate o diferente como igual nem menospreze os detalhes.

[410] As riquezas às quais o texto se refere são os valores, as virtudes e o pouco de sabedoria que já adquirimos. São elas que correm o risco de serem profanadas.

Não se menospreza um inimigo pequeno, porque ele é assim agora, mas pode vir a tornar-se maior. Deve-se combatê-lo enquanto ainda é pequeno. O mesmo deve acontecer com os nossos defeitos: nada de os subestimar. Devemos combatê-los enquanto ainda são pequenos.

[411] Aquele que sai vitorioso nunca deve encher-se de orgulho porque, embora saiba que a sua causa é justa, ela causou dor, matou homens e provocou destruição. Algo assim apenas deve ser feito por alguém quando for extremamente necessário para proteger a sua cidade. Não há qualquer prazer em matar

ou provocar destruição. Então, se alguém não sofrer por estar em guerra, não é vitorioso, mesmo que o resultado tenha sido a seu favor, pois o preço que pagou foi elevado demais.

[412] Na obra de Júlio César, *Guerras das Gálias*, o imperador diz: "Se vocês retrocederem deixem os estandartes de Roma, porque Roma nunca retrocede". Depois disso, ele avançou sozinho.

Para eles, Roma era sinônimo de um ideal e não de uma cidade. Se eles perdessem essa honra, isso seria pior do que perder a guerra. Nesse caso, não há ódio nem vingança, mas sentido de honra.

[413] O Professor Jorge Ángel Livraga costumava dizer: "Houve sempre construtores e destruidores de pirâmides. Escolha conscientemente em qual dos lados você quer estar", contanto que o faças o mais rápido possível, porque, ao contrário, poderemos, inconscientemente, destruir pirâmides.

LXX

Os meus preceitos são muito fáceis de compreender e muito fáceis de praticar.

Mas ninguém no mundo os consegue compreender nem praticar. [414] [415]

Os meus preceitos têm uma origem ancestral.

As ações têm um Senhor. [416]

Se eles não são compreendidos, também eu não sou compreendido.

É aí que reside o meu valor: ser raramente compreendido. [417]

Por essa razão, o sábio usa vestes grosseiras, mas no seu interior oculta-se uma joia. [418]

[414] Em geral, os preceitos de sabedoria não são difíceis de serem praticados. O desafio está na perseverança e na constância, em dar-lhes continuidade. Em geral, os minutos seguintes são os nossos maiores inimigos.

[415] O sábio sempre dirá que os ensinamentos não são difíceis e que também não lhe pertencem. Por isso, não adianta reclamar com o sábio, porque ele é apenas um mensageiro.

[416] As palavras do sábio servem ao Tao. Os seus atos servem à Unidade e ao propósito do universo. Ele não fala por si, mas em nome do Tao. Se alguém não gosta das suas palavras, o problema não é dele, mas da Lei.

[417] O sábio não deseja que o entendam a qualquer preço. Por não sentir necessidade de compreensão, diz o que deve ser dito. Ele sabe que chegará o dia em que a pessoa que está preparada entenderá.

[418] Quando Platão falava do Homem de Ouro, dizia que este é o mais feliz de todos os seres, porque o ouro encontra-se dentro dele, de um modo que ninguém lho poderia roubar. É exatamente o que ocorre com um ser humano que entende a beleza de um sábio (que está além das aparências). Ele teve de passar primeiro, sozinho, para além das aparências.

LXXI

Conhecer o não conhecimento é a excelência suprema. [419]

Não saber o que é o conhecimento é um tormento. [420]

Só quando se padece desse mal é possível libertar-se dele. [421]

Se o sábio não sofre, é porque padece desse mal. [422] [423]

[419] O conhecimento da essência de todas as coisas e do bem supremo está além da compreensão racional. Ter sabedoria é conhecer a nossa própria essência para que, a partir dela, se conheça a essência de todas as coisas.

[420] Para Lao-Tsé, não ter conhecimento da expansão de consciência é um mal, e o "não conhecer" é não ter consciência de que o conhecimento é uma expansão de consciência, e não o acúmulo de informações. Se hoje a humanidade responde à vida de um modo mais humano do que há dez anos, é porque já adquirimos maior conhecimento.

[421] Nós apenas nos libertamos da ignorância quando sofremos por causa do mal e dos incômodos que ela gera. Assumir esse sofrimento é o que torna possível a nossa mudança. Se somos ignorantes e estamos contentes, então estamos perdidos.

Os dois tipos de sofrimento que existem, nesse contexto, são o sofrimento da ignorância (que nos faz atribuir a culpa dos nossos problemas aos outros) e o de estarmos incomodados (que nos faz crescer).

[422] O sábio sofre pela dor do incômodo causado pela ignorância (explicado acima) e, por isso, não sofre do mal da ignorância.

[423] Só um filósofo ou um sábio tem consciência do quão difícil é pôr a culpa em alguém que não seja ela próprio.

Os sábios tomam o sofrimento como oportunidades. Eles não sofrem de ignorância, mas, sim, da sede interminável de crescer, que os levou até à sabedoria. Uma angústia por sabedoria, por conhecimento, por crescimento e por vontade de se tornarem mais humanos, está dentro deles, e esse tipo de dor substitui a outra. Embora as duas sejam dores, uma faz-nos crescer e a outra não.

LXXII

Quando o povo deixa de temer o que é terrível, surge o grande terror. [424]

Não deixem que a vossa casa se torne acanhada, nem aborrecida a vossa vida, pois é por essa razão, por não se viver na penúria, que a vossa vida não é aborrecida. [425]

O mesmo acontece com o sábio que reconhece a si mesmo, mas não se exibe.

Ele ama a si mesmo, mas não busca o prestígio para si.

Ele rejeita uma coisa e adota a outra. [426]

[424] A pior coisa que pode acontecer a um ser humano é ser indigno da condição humana, por comportar-se como um animal. A indignidade é terrível e o grande terror é a desonestidade e a violência.

[425] Aquilo com que nos identificamos não pode carecer de ordem, de beleza nem de objetivos. Por natureza, a penúria de valores é banal e desarmoniosa. Então precisamos impedir que a nossa vida se desorganize, pois, caso aconteça o contrário, iremos sofrer.

Harmonizar é trazer virtudes e valores para dentro da nossa vida, para ela não se tornar aborrecida e não nos fazer perder a nossa identidade, descendo para comportamentos não humanos.

A vida é um mistério para o homem que a vive como um bom ser humano, porque há sempre um próximo passo a dar e um próximo degrau a alcançar.

[426] O sábio rejeita o sucesso e assume a responsabilidade de ser quem é. Ele é humilde, mas não é complexado. Sabe o valor que tem e o quanto isso o compromete e não nega esse seu valor.

LXXIII

Quem revela coragem na temeridade, sucumbe. [427]

Quem revela coragem, sem ser imprevidente, permanece vivo.

Dos dois, um ganha e o outro perde.

Quem saberá a razão por que o Céu é adverso a alguém? [428]

O mesmo se passa com o sábio: ele distingue as dificuldades. [429]

O Tao do Céu não combate, mas sabe alcançar a vitória.

Sem falar, encontra a resposta certa.

Sem fazer sinais, tudo lhe chega, por si mesmo.

É sereno, mas tem competência ao planificar. [430]

A teia do Céu tem malhas largas, no entanto nada a atravessa. [431] [432]

[427] Aquele que teme geralmente acaba por perder.

[428] Quem se mantém sem ansiedade, segundo os parâmetros da razão, permanece vivo e por isso ganha. Então, por que razão o Céu parece que beneficia um e castiga o outro? Na verdade, não há interferência de nenhuma potência externa, trata-se simplesmente de ação e reação, aquilo que os orientais chamam de "lei do carma".

[429] Quando o sábio, que não trabalha por razões pessoais, luta em nome da natureza, ele tem a vantagem. O seu caminho está livre e ele flui como a água, mesmo não deixando de ver as dificuldades. Já não há mais obstáculos nascidos do seu egoísmo, porque ele deixou de agir por egoísmo.

O ditado diz: "Um homem com Deus é a maioria".

[430] Quando nos alinhamos com as leis do universo, entramos em sincronia com elas. Se o nosso interesse e o da natureza são um só, a natureza carimba o nosso projeto e diz "Caminho contigo", porque o nosso interesse também é o dela. Quando trabalhamos para o todo, a natureza caminha conosco.

[431] Na lógica das leis do universo, tudo cabe dentro delas, mas também cada ato, cada momento, cada pensamento é analisado e filtrado, gerando as suas consequências. Só não é passível das consequências aquilo que não tem interesses egoístas. Todos passam pela teia do Céu, mas não passam impunes.

[432] Os sábios não são privilegiados, apenas servem a algo maior do que eles e por isso vivem no Dharma.

LXXIV

Se as pessoas não receiam a morte, como poderiam ficar intimidadas por ela?

Contudo, se o poder mantém as pessoas subjugadas ao medo da morte, e se uma delas age de maneira estranha, será que ela deverá ser enclausurada e condenada à morte?

Quem ousaria tal coisa? [433]

Para dar a morte a alguém há sempre um poder mortal. [434]

Assumir o lugar desse poder de matar é o mesmo que querer manejar o machado, na vez do carpinteiro.

Aquele que quer manejar o machado na vez do carpinteiro, o mais certo é ferir a sua mão. [435] [436]

[433] O homem não tem o poder de dar vida, muito menos a vida humana; então, moralmente, não deveria sentir-se habilitado a tirá-la.

[434] Há um poder na natureza de que não dispomos, e que também não é nosso, que revela quando é a hora de uma pessoa morrer.

[435] Sempre que tomamos emprestado um poder que não temos, "aleijamos" a mão. Não devemos tomar o lugar do Dharma.

[436] O *Bardo Thodol* diz: "Quando as memórias do passado são muito penosas e a pessoa fica presa a elas de tal modo que já não tem mais condições de crescimento, esta resolve morrer". Sem oportunidade de crescimento, não há um sentido para a vida. Quando entendemos isso, percebemos que não fazque uma pessoa deve morrer, antes de ela ter cumprido o seu papel, antes de ter dado todos os passos de crescimento.

LXXV

Sempre que o povo está faminto, isso deve-se aos fortes e poderosos que o esmagam com excessivos impostos; eis por que o povo passa fome.

Quando o povo não é dócil à governação, isso deve-se aos fortes e poderosos que controlam em demasia; por isso o povo é difícil de ser governado. [437]

Quando o povo despreza a morte, isso deve-se aos fortes e poderosos que querem viver luxuosamente. [438] **É por isso que o povo despreza a morte.**

Todavia, aquele que não age por amor à vida é mais digno do que aquele que valoriza a vida. [439] [440]

[437] Um bom pai é um exemplo de um bom governante. Ele sabe quando deve deixar a criança cair ao chão para aprender a andar, porque, se assim não o fizer, ela não aprenderá. Ninguém aprende algo sem dor e sem dificuldade.

Nesse caso, o papel do pai é querer o crescimento do filho. Também o governante deveria saber a hora de chegar e a de se afastar. Se ele invade a vida das pessoas e as impede de crescer, isso gera angústia nelas.

[438] As pessoas deixam de valorizar a vida quando são conduzidas por seres extremamente apegados a ela. Lembremos que, para o Tao-Te Ching, o Estado é como se fosse um corpo. "Quando a cabeça não pensa, o corpo padece."

[439] Em relação aos nossos valores, o Taoismo diz o seguinte: "A vida física tem um grande valor, mas numa tabela de valores esta não pode ser a mais preciosa, porque, ao contrário, tornamos indigna a própria vida física". Se assim fosse, quereríamos viver a qualquer preço.

[440] A mitologia inca diz que, no momento em que eles se refugiaram para se protegerem dos espanhóis, receberam um embaixador para negociar a entrega dos incas, que lhes disse: "Quando nós chegamos aqui, vocês nunca tinham visto as nossas técnicas de guerra, mas depois de terem sido derrotados tantas vezes, por que não começaram a nos imitar?". Um inca respondeu: "Nós, incas, apenas queremos a terra se for para ficar de pé sobre ela. Para rastejar sobre ela, preferimos deixá-la para vocês".

Ou seja, para que a vida seja digna, é preciso que haja coisas superiores a ela.

Se os incas imitassem os espanhóis, não seriam dignos da terra, o que significa que valorizavam a vida física, desde que esta fosse digna.

LXXVI

Quando chega à vida, o homem é tenro e frágil.

Quando morre, é duro e rígido.

Ao nascer, as plantas são tenras e frágeis.

Quando morrem, são secas e duras.

Por esse motivo, os duros e rígidos são aliados da morte, e os tenros e frágeis são aliados da vida. [441]

Por esse motivo, se os exércitos são fortes não vencerão; quando as árvores são rígidas elas se quebram.

O que é grande e forte definha, o que é suave e frágil se desenvolve. [442]

[441] O sábio busca sempre ter aquela flexibilidade peculiar de uma vida nova que acaba de chegar ao mundo. Ele não enrijece e não entra em confronto, pois flui como a água por entre as frestas da oportunidade.

[442] Em Lucas 18.15-17:

"15. E traziam-lhe também pequeninos, para que ele os tocasse; e os discípulos, vendo isso, repreendiam-nos.

16. Mas Jesus, chamando-os para si, disse: Deixai vir a mim os pequeninos, e não os impeçais, porque deles é o reino de Deus.

17. Em verdade vos digo que, todo aquele que não receber o reino de Deus como uma criança, não entrará nele".

LXXVII

O Tao do Céu: como se identifica com o arqueiro!

Ele faz descer o que está nas alturas, e ergue para o alto o que está em baixo.

Ele retira o que está a mais, e providencia o que está em falta. [442]

O Tao do homem não é assim: retira daquele que não tem o bastante para dar ao que tem em demasia. [443]

Mas quem será capaz de propiciar ao mundo o que tem de supérfluo?

Só aquele que possui o Tao. [444] [445] [446]

O mesmo se passa com o sábio: ele cria sem guardar nada para si.

Depois de realizar a obra não se prende a ela. [447] [448]

Ele não expõe o seu mérito perante os outros. [449]

[442] O Tao, ou a lei do universo, é muito semelhante ao Dharma dos hindus. O que excede em altura, ele puxa um pouco para baixo, mas aquilo que já desceu demais, ele puxa para cima, procurando o lugar certo para cada coisa, o que corresponde exatamente ao conceito de justiça de Platão (dar a cada um aquilo que lhe corresponde, segundo a sua natureza e os seus atos).

Cada coisa deve estar no seu lugar.

[443] Concentrar as riquezas nas mãos dos mais abastados resulta na desorganização da distribuição dos bens e dos dons da sociedade, sendo isso o que gera a injustiça.

[444] Podemos colocar a questão de um outro modo: quem terá em excesso, para poder oferecer ao mundo? Somente aquele que possui o Caminho tem realmente algo para dar.

[445] Na história, os grandes homens foram aqueles que souberam dar e não os que foram capazes de possuir. Somente aqueles que têm algo de real para dar, o fazem, porque ninguém pode oferecer o que não tem.

[446] Diz um pensamento do Professor Jorge Ángel Livraga: "Que ninguém passe por vocês e diga: Eu passei por eles e não me deram nada".

[447] Khalil Gibran disse que "somos postos de enriquecimento dos dons da vida".

Não devemos reter os dons da vida em nós, mas utilizá-los para nos enriquecermos e devolvê-los depois. Assim como a água parada apodrece, também nós não devemos reter os dons da vida.

[448] O que encontramos nesse texto assemelha-se ao Homem de Ouro de Platão: o ouro está dentro de nós e não necessitamos do que está fora.

[449] O sábio não está aqui para afirmar a sua particularidade, mas para trazer, cada vez mais, a existência do mundo ao conhecimento da humanidade.

LXXVIII

Não existe nada no mundo mais fluido e suave do que a água.

Todavia, para vencer o que é duro, não existe nada igual a ela.

Nada pode alterar essa condição. [450] [451]

A fraqueza vence a força, a suavidade vence a dureza; todos na Terra o sabem, mas ninguém é capaz de colocar isso em prática. [452]

Foi por essa razão que um sábio disse: “Quem aceitar suportar sobre si a imundice do reino é o senhor dos sacrifícios na Terra”.

“Aquele que suporta sobre si a infelicidade do reino é o rei do mundo.”

As palavras da verdade parecem paradoxais. [453] [454] [455]

[450] A estratégia da água consiste em preencher os lugares mais escuros e estreitos, penetrando-os, sem parar de pressionar, em busca de frestas por onde possa seguir.

[451] A atenção do sábio tem como objetivo levar um pouco de água, todos os dias, aos que têm sede. Ele sabe que, todos os dias, a água pode encontrar uma fresta por onde penetrar, nem que seja apenas uma ou duas gotas.

[452] Há um conjunto de técnicas nas artes marciais que ensina o lutador a usar o seu próprio esforço para derrubar o adversário, em vez de trabalhar em oposição aos movimentos dele.

Sabemos que a razão impera sobre a força bruta, mas insistimos em utilizar a última.

[453] Em geral, o ser humano entende apenas aquilo que lhe é agradável e que está de acordo com o seu interesse. Então, o que o sábio diz sobre o "sacro ofício", ou ofício sagrado, é que ele nos leva a comprometer-nos com a dor dos outros, e nos faz líderes, o que para nós não é algo atrativo. Ainda assim, muitos querem liderar para ter privilégios, sem pagar o preço mais elevado. Essa é a razão pela qual não entendemos essas palavras.

[454] O sábio lidera para ajudar o outro a caminhar e não pelo prazer de estar à frente. Por isso, Platão dizia que, quando alguém deseja muito um posto no governo, isso já é o suficiente para sabermos que ele não é a pessoa certa. Apenas quando é aceito alguém com um grande sentido de sacrifício, que sabe que aquela

função vai ser dolorosa, é possível afirmar que essa é a pessoa certa, pois se não for ela, será necessariamente alguém pior.

[455] Uma passagem da tradição hindu diz que o homem carrega em si uma série de ações que praticou, e cujas consequências precisa vivenciar. A isso dá-se o nome de lei do carma e esse é o primeiro estágio.

O segundo estágio é aquele em que o cidadão reconhece os erros que cometeu contra as leis da natureza e diz: "Basta! Vou alinhar-me com a natureza". Nesse momento, esse homem já não gera mais carma, mas continua a pagar o anterior, até liquidar a sua conta. As consequências das ações que ele gerou não vão deixar de existir porque ele tem uma dívida para pagar.

O terceiro estágio é o de Avatar, em que o ser que pagou todo o seu carma e não gerou nenhum carma novo, volta atrás e assume um pouco do carma da humanidade. Ao chegar a esse ponto, ele já não tem interesses pessoais.

LXXIX

Quando se modera um grande rancor, fica sempre algum ressentimento.

Pode considerar-se isso como um bem? [456]

É por essa razão que o sábio cumpre o seu dever e nada exige dos outros. [457]

Por essa razão, quem tem vida cumpre com o seu dever; quem não tem vida aferra-se ao seu direito. [458] [459]

[456] Mergulhar a nossa consciência em desejos egoístas produz as mesmas consequências que vivenciaríamos se agarrássemos uma lata de tinta preta e a atirássemos para o chão. Por mais que tentemos limpar, até mesmo com ajuda, do melhor modo possível, acabaremos por encontrar sempre um pouco de tinta nos cantos. Dificilmente conseguiremos deixá-los completamente limpos. Determinados sentimentos negativos têm esse poder de nos deixar sujos.

[457] Só há uma coisa que pode deixar um sábio aborrecido: não cumprir o seu dever.

[458] Quão longe estamos do sentido dessa frase! Será que, atualmente, encontramos mais pessoas interessadas em cumprir o seu dever ou em cobrar os seus direitos?

[459] Perguntaram um dia a José Saramago o que ele pensava da ação dos direitos humanos, e que efeito essa ação iria provocar na humanidade. Ele respondeu: "Eu acho bom, mas quando é que vai sair a declaração dos deveres do homem?".

Não dá para ter direitos sem deveres. Se o homem se concentrasse em cumprir o seu dever, seria decepcionado apenas por si mesmo.

LXXX

Uma nação pode ser pequena e pouco populosa.

Não devem ser usados instrumentos que ampliem a força do homem. [460]

O povo deve refletir profundamente sobre a morte, e não deve viajar para longe.

Ainda que haja embarcações e carros, ninguém deve utilizá-los. [461] [462]

Ainda que existam couraças e armas, ninguém deve exibi-las.

Que o povo volte a usar nós, em cordas, como modo de escrita.

Que o povo faça doce o seu alimento e belos os seus trajes; que pacifique a sua casa e sejam alegres os seus costumes.

Que os países vizinhos se possam avistar mutuamente, para que seja possível ouvir, em ambos os lados, o canto dos galos e o latido dos cães. [463] [464] [465]

Desse modo, as pessoas morrerão em idade avançada, sem ter viajado de uma terra para outra.

[460] Todo ser humano deve ser beneficiado com o mesmo nível de formação e informação.

[461] Platão, em *As Leis*, diz que "para poder viajar por outras cidades, o cidadão tem de ser maduro o suficiente para que, na comparação entre os seus valores e os valores da outra cidade, não perca os seus".

Um cidadão imaturo não deve viajar para outras cidades, porque não irá ajudar a sociedade; antes, irá desestabilizá-la.

Somente quem é maduro em relação à sua formação e valores, consegue ajudar outras sociedades e também a sua.

[462] Platão dizia que as crianças até uma certa idade não deveriam conviver com os conflitos dos adultos, tampouco saber que existem falhas morais, pois enquanto elas não estiverem bem formadas, tenderão a reproduzir essas falhas.

[463] Uma sociedade não deve buscar luxos e conforto; ela deve construir pessoas maduras e cada vez mais humanas. Se isso trouxer, por consequência, mais conforto, isso é bom, mas se não for assim, é melhor que não aconteça.

A coluna do conforto e a coluna dos valores não podem crescer uma mais do que a outra.

[464] Quando a moral está muito corrompida, é melhor que não existam muitas ferramentas, pois tê-las será como ter de lidar com uma pessoa muito violenta. É mais conveniente que elas não existam, para que o violento não possa utilizá-las.

[465] Do ponto de vista material, a formação do carácter e o desenvolvimento da sociedade não deveriam caminhar a diferentes velocidades, mas, sim, seguir par a par.

LXXXI

As palavras verdadeiras não são bonitas; as palavras bonitas não são verdadeiras. [466] [467]

A habilidade não é convincente; a arte de convencer não tem mérito. [468] [469]

O sábio não é erudito; o erudito não é sábio. [470]

O sábio não acumula riquezas.

Quanto mais ele age em favor dos outros, mais enriquece.

Quanto mais faz em benefício dos outros, mais ele recebe.

O Tao do Céu "beneficia sem criar prejuízo".

O Tao do sábio é "agir sem confronto". [471] [472]

[466] Cuidado com as palavras! As palavras verdadeiras não são bonitas por serem ostensivas e agradáveis, mas, sim, por carregarem transformação. Nem toda palavra bela em conteúdo tem uma "embalagem" agradável.

[467] Antes de rodar o filme *Mahabharata*, Peter Brook viveu alguns anos na Índia, e foi perguntando às pessoas sobre o simbolismo do épico indiano. Um dia disseram-lhe que ele deveria visitar a casa de uma senhora muito bela. Quando ele a viu ela era muito idosa. Foi então que ele entendeu que a língua hindi ainda separa o "belo" do "atraente". Uma mulher jovem é atraente para eles, mas bela é aquela que tem alguma sabedoria.

[468] A habilidade para convencer requer "jogo de cintura", persuasão e influência negativa; portanto, não tem qualquer mérito.

[469] Para o sábio, a persuasão é o engano, é o jogo de palavras, para que o outro se renda ao nosso argumento, sem que este esteja aliado à verdade.

[470] Acumular informação em quantidade é o inverso de acumular sabedoria com qualidade. É dito que o erudito, no sentido puramente intelectual, quanto mais culto é, mais vaidoso se torna.

Já o sábio, quanto mais sabedoria acumula, mais humilde é.

[471] O sábio age sem destruir e sem confrontar. "Sempre houve e sempre haverá, na história, construtores e destruidores de pirâmides." Os sábios sempre se encontraram ao lado daqueles que constroem. Eles não renovam pela destruição, porque

penetram pelas frestas das oportunidades e buscam o que de melhor há em cada ser, para fazê-lo ascender.

[472] Há um aforismo que diz: "O homem é do tamanho da sua generosidade". Ou seja, chegará um momento em que a vida vai dizer: "Entrega aquilo!", e ele irá dizer: "Isso não!", resposta que a vida até irá respeitar, mas que determinará o seu tamanho.

Pormenor da pintura de Ma Yuan (马远) | 1190 - 1279,
Caminhando num caminho na montanha na Primavera (山徑春行).